Perspectives 1

Französisch für Erwachsene

Kursbuch

Perspectives 1

Französisch für Erwachsene

Im Auftrag des Verlages herausgegeben von	Pierre Sommet
Erarbeitet von	Anne Delacroix, Annette Runge sowie Jacqueline Deloffre
In Zusammenarbeit mit der Redaktion	Dr. Gunther Weimann (Projektleitung), Dr. Ulrike Litters (verantwortliche Redakteurin) sowie Cécile Hoene und Charlotte Rodet (redaktionelle Mitarbeit)
Beratende Mitwirkung	Violaine von Bassewitz (VHS Viersen), Elisabeth Beitinger (VHS Ingolstadt), Heidrun Berberich-Ernst (VHS Weingarten), Ingrid Korfmacher (VHS Landshut) und Pierre Le Borgne
Illustrationen	Rony Turlet
Gestaltung und technische Umsetzung	Anna Bakalović und Annika Preyhs, Berlin
Umschlaggestaltung	Anna Bakalović, Berlin
Umschlagfotos	Montmartre, Paris (Will & Deni McIntyre: Getty Images / Stone) und Louvre-Pyramide (John Lamb: Getty Images / Stone)
Weitere Kursmaterialien	Arbeitsbuch (200990) Audio-CD (*version naturelle*) (201023) Kassette (*version naturelle*) (201015) Audio-CD (*version didactisée*) (201210) Kassette (*version didactisée*) (201201) Vokabeltaschenbuch (201120) Handbuch für den Unterricht (201007)

 http://www.cornelsen.de

1. Auflage   Druck 4 3 2 1   Jahr 05 04 03 02

Druck: CS-Druck CornelsenStürtz, Berlin

ISBN 3-464-20098-1

Bestellnummer 200981

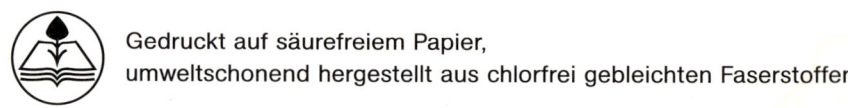 Gedruckt auf säurefreiem Papier, umweltschonend hergestellt aus chlorfrei gebleichten Faserstoffen.

Liebe Lernerin, lieber Lerner,

Perspectives 1 ist der erste Band eines dreibändigen Lehrwerks, das Sie Schritt für Schritt mit der französischen Sprache vertraut macht und Sie von Anfang an zum Sprechen anregt. Der dritte Band führt Sie zum Europäischen Sprachenzertifikat Französisch.

Das Kursbuch *Perspectives 1*

Das Kursbuch *Perspectives 1* enthält 12 *unités*, drei *options*, einen Abschlusstest und einen Anhang.

Die 12 *unités* bestehen jeweils aus acht Seiten. Die erste bilderreiche Seite ist der Auftakt und führt hin zum Thema einer *unité*. Es folgen fünf Seiten mit abwechslungsreichen Texten, Dialogen und Aktivitäten, die es Ihnen ermöglichen, Ihre sprachliche Kompetenz kontinuierlich auszubauen. In der Randspalte finden Sie Hinweise zur Grammatik, Informationen zu Land und Leuten, Lerntipps sowie Verweise auf Übungen im Arbeitsbuch. Die beiden *Repères*-Seiten fassen Redemittel, Grammatik und Aussprache auf einen Blick zusammen und enthalten kurze Wiederholungsübungen – die Lösungen zu diesen Übungen finden Sie im Anhang.

Gelegenheit zum spielerischen Wiederholen bieten Ihnen die *options* nach *unité* 4, 8 und 12. Nach der dritten *option* gibt es einen Abschlusstest zur Kontrolle Ihres Lernerfolgs. Dieser bereitet Sie auf die Prüfung A1 Start Français vor.

Der Anhang von *Perspectives 1* enthält eine systematische Grammatikübersicht, ein französisch-deutsches Vokabelverzeichnis, die Hörtexte, die sich nur auf der Audio-CD/Kassette befinden, eine Seite Kursraum-Französisch, Lösungen der Übungen auf den *Repères*-Seiten und der Spiele in den *options* sowie der Aufgaben im Abschlusstest, Partnerübungen sowie Karten und Pläne.

Das Arbeitsbuch

Das farbige Arbeitsbuch bietet weiterführende Übungen, die selbstständig zu Hause oder im Kurs bearbeitet werden können. Es ist gegliedert nach den Bereichen *vocabulaire*, *grammaire*, *communication* und *activités supplémentaires*. Sie können also eigene Schwerpunkte setzen und ein für Sie passendes «Lernmenü» zusammenstellen. Am Ende jeder *unité* können Sie im Abschnitt *bilan* Ihre persönliche Lernbilanz ziehen. Der Anhang offeriert einen Lösungsschlüssel sowie ein deutsch-französisches Vokabelverzeichnis. Das Arbeitsbuch enthält außerdem noch eine Audio-CD zum entspannten Vokabellernen mit musikalischer Untermalung.

Das Vokabeltaschenbuch

Im Vokabeltaschenbuch stehen alle neuen Wörter in der Reihenfolge ihres Auftretens mit Angaben zur Aussprache, der Übersetzung und einem Beispielsatz.

Die Audio-CD oder Kassette

Die Hörmaterialien gibt es in zwei Versionen – *naturelle* und *didactisée*. Die *version didactisée* mit einem etwas langsameren Sprechtempo stellt eine Brücke zum «authentisch» gesprochenen Französisch dar.

Online

Unter **www.cornelsen-teachweb.de/co/perspectives** gibt es für die Arbeit mit *Perspectives* ein Zusatzangebot, das das Lernen und Lehren erweitert und ergänzt.

Viel Spaß und viel Erfolg beim Französischlernen mit *Perspectives* wünschen Ihnen die Autorinnen und der Cornelsen Verlag!

	Kommunikation	Grammatik	Seite

Le Fabuleux Destin d'Amélie Poulain

LES SEINS DE GLACE

À BOUT DE SOUFFLE

La Grande Illusion

LE CHOIX DES ARMES

Cyrano de Bergerac

MERCI POUR LE CHOCOLAT

8 Femmes

RENCONTRES

Sie lernen, sich zu begrüßen sowie sich und andere vorzustellen. Das Verb être sowie die Du- und Sie-Formen werden vorgestellt.

Bonjour!

Bonjour!

Salut!

Bonjour!

Bonjour, Madame.
Bonjour, Monsieur.

Bonsoir!

Bonsoir, Madame.

Au revoir!

À demain!

Tchao!

1. **Sehen Sie sich die Fotos an. In welchen begrüßt man sich? Was wird gesagt?**

2. **Begrüßen Sie Ihren Nachbarn / Ihre Nachbarin.**

3. **Schauen Sie sich die Fotos noch einmal an. Welche Schauspieler erkennen Sie?**

- Sich begrüßen
- Sich vorstellen

Bonjour

ÉCOUTER

🎧 **1. Hören Sie den Dialog. Wie viele Personen nehmen teil?**
Wie werden die Frauen angesprochen? Kreuzen Sie an.

☐ Monsieur   ☐ Mademoiselle   ☐ Madame

🎧 **2. Hören Sie den Dialog noch einmal und lesen Sie ihn laut.**

INFO

Wenn man Unbekannte begrüßt, sagt man aus Höflichkeit *bonjour, Madame* bzw. *Monsieur*. Bei einem ersten Kennenlernen kann man *enchanté/e* hinzufügen. ⚠ *Mademoiselle* wird immer weniger benutzt, es sei denn, die entsprechende Person stellt sich als solche vor.

N. BARON: Bonjour, Monsieur. Vous êtes …?
J. DURAND: Bonjour, Madame, je suis Jacques Durand, enchanté.
N. BARON: Bonjour, Madame. Vous êtes Catherine Péchin?
C. MOULIN: Non, je m'appelle Catherine Moulin.
N. BARON: Mademoiselle Catherine Péchin, c'est vous?
C. PÉCHIN: Oui, c'est moi, enchantée.

JOUER

3. Spielen Sie ein Begrüßungsspiel. Bilden Sie einen Kreis.
Eine Person nennt ihren Vor- oder Nachnamen, die anderen
Teilnehmer begrüßen sie gemeinsam.

Je m'appelle Marie.

Je m'appelle Daniel Meier.

Bonjour, Marie.

Bonjour, Monsieur Meier.

S'ENTRAÎNER

4. Ordnen Sie den Fragen die passenden Antworten zu.

1. Bonjour, Madame. Vous êtes …? ☐ Oui, c'est moi.
2. Mademoiselle Péchin, c'est vous? ☐ Je m'appelle Michel Legrand.
3. Vous êtes Monsieur Legrand? ☐ Je suis Catherine Moulin.
4. Bonjour, Monsieur. Vous êtes …? ☐ Non, je m'appelle Jacques Durand.

5. Ergänzen Sie die Fragen.

1. ____? Non, je suis Frédéric Martin.
2. ____? Je m'appelle Brigitte Hugo.
3. ____? Oui, c'est moi.
4. ____? Je suis Stéphane Dupond.

être
je suis
tu es
il/elle est
nous sommes
vous êtes
ils/elles sont

PARLER

🎧 **6. Hören Sie die Kurzdialoge und spielen Sie sie mit Ihren Namen nach.**

▲ Jacques Durand.
▼ Enchanté, Michel Legrand.

● Bonsoir, je m'appelle Philippe Richard.
■ Enchantée, je suis Catherine Moulin.

● Au revoir, Madame.
■ Au revoir, Monsieur.

INFO

Franzosen, Belgier und Schweizer begrüßen sich normalerweise per Handschlag.
⚠ Man sagt *bonsoir*, um jemanden am Abend zu begrüßen und um sich abends zu verabschieden.

→ AB 1, 2 (V)

- **Freunde begrüßen**
- **Bekannte vorstellen**

Salut

ÉCOUTER

🎧 **7. Hören Sie den Dialog. Was sagen die Gesprächspartner, um sich zu begrüßen?**

INFO

Mit dem Wort *salut* kann man sich in vertrauten Kreisen begrüßen und verabschieden. Wenn man sich näher kennt, gibt man sich ein Küßchen. Es handelt sich um eine Art Wangenkuss, bei dem man sich kaum berührt, sondern nur flüchtig ins Leere «küsst». Je nach Region gibt man sich links beginnend zwei bis vier *bises*.

🎧 **8. Lesen Sie die Szene mit verteilten Rollen.**

ANTOINE: Salut, Lucie!
LUCIE: Salut, Antoine … Et toi, tu es Charlotte?
CHARLOTTE: Oui, c'est ça. Bonjour! … *(leise zu Antoine)* C'est qui?
ANTOINE: C'est Stéphane.
CHARLOTTE: Ah, c'est toi, Stéphane!
STÉPHANE: Oui, salut!

C'est pratique!

C'est…
können Sie in verschiedenen Situationen benutzen:
c'est Charlotte
c'est moi/c'est ça
c'est toi?/c'est vous?/c'est qui?

DÉCOUVRIR

9. Auch im Französischen gibt es eine Du- und eine Sie-Form. Lesen Sie noch einmal die Dialoge der Übungen 2 und 8.

  a. In welchem duzt und in welchem siezt man sich?

  b. Kreuzen Sie an:

Sie heißt	☐ vous	☐ tu
Du heißt	☐ vous	☐ tu

10. Lesen Sie folgende Äußerungen und finden Sie im Dialog von Übung 8 die Entsprechungen in der Du-Form.

  1. Bonjour, Monsieur.
  2. Vous êtes Catherine Péchin?
  3. …, c'est vous?

→ AB 4, 5 (G); 8 (C)

Oui, …

S'ENTRAÎNER

11. **Ergänzen Sie die passenden Formen von *être* und die Sprechblase.**

1. Bonjour! Vous ___ Jacques Durand?
2. C' ___ toi, Vincent?
3. Je ___ Lucie.
4. C' ___ qui, Monsieur Durand?
5. Et toi, tu ___ Stéphane?
6. Oui, c' ___ ça, je ___ Stéphane.
7. Bonjour, vous ___ Madame Richard?
8. Salut! Tu ___ Charlotte?
9. Bonjour, Monsieur. Je ___ Catherine Péchin.
10. Enchanté. Je ___ Michel Legrand.

PARLER

12. **Stellen Sie sich einer Partnerin / einem Partner vor und fragen Sie nach ihrem / seinem Namen.**

Je m'appelle …	Je suis …
Et vous …?	Tu es …?
C'est toi …?	C'est vous …?

13. **Arbeiten Sie zu dritt. Stellen Sie Ihrer Partnerin / Ihrem Partner eine andere Person vor.**

C'est …	Bonjour!

PRONONCER

🎧**14.** **Hören Sie die Wörter und sprechen Sie sie nach. Füllen Sie dann die Tabelle aus.**

bonsoir   mademoiselle   c'est   zéro   monsieur   Lucie
je suis   vous êtes   Zola

> Im Französischen wird zwischen dem stimmlosen s [s] wie in **monsieur** und dem stimmhaften s [z] wie in **mademoiselle** unterschieden.

[s]	[z]
…	…

→ AB 3 (V); 6, 7 (G); 9, 10, 11, 12 (C)

ÉCOUTER

🎧**15.** Hören Sie die «Gesprächsfetzen» und ordnen Sie sie den Fotos zu.

1. ☐   2. ☐   3. ☐   4. ☐   5. ☐   6. ☐

🎧**16.** Hören Sie die Wörter. Ordnen Sie sie den Fotos zu.

> publicité station quai chocolat cendrier dîner musique
> cigarettes train tête-à-tête boutique fête

17. Was verbinden Sie mit Frankreich? Nehmen Sie die Standfotos
aus den Filmen zu Hilfe.

INFO
Der Kinobesuch ist in
Frankreich eine beliebte
Freizeitaktivität bei
Jung und Alt.
Zu den populärsten
Schauspielern / Schau-
spielerinnen zählen
Gérard Depardieu,
Catherine Deneuve,
Pierre Arditi, Sandrine
Bonnaire, Isabelle
Huppert, Juliette
Binoche und Isabelle
Adjani.

→ AB 13 (AS)

Repères

KOMMUNIKATION

Sich begrüßen
Bonjour, Mademoiselle/
Madame/Monsieur.
Salut, Lucie.
Bonsoir!

Sich verabschieden
Au revoir!
À demain!
Salut!
Bonsoir!

Sich und andere vorstellen
Je m'appelle Jacques.
Je suis Catherine Moulin.
C'est Charlotte.
Enchanté/Enchantée.

Fragen stellen und antworten
C'est toi? C'est vous?
Et toi? Et vous?
Vous êtes Monsieur Legrand?
Tu es Stéphane?
C'est qui?

C'est ça.
C'est moi. C'est toi. C'est vous.
Oui.
Non, je m'appelle …

1. **Was sagen Sie, wenn Sie**
   a. eine Frau begrüßen?
   b. sich vorstellen?
   c. jemanden vorstellen?
   d. einen sehr guten Freund/eine sehr gute Freundin begrüßen?
   e. sich verabschieden?
   f. etwas bestätigen?

GRAMMATIK

Das Verb être
Das Verb être entspricht dem deutschen Verb «sein».
Einige Formen haben Sie schon gelernt.

Je suis Frédéric.	je suis
Tu es Lucie?	tu es
C'est qui? C'est moi.	il/elle est
Vous êtes Michel Legrand?	nous sommes
	vous êtes
	ils/elles sont

Das Personalpronomen vous
Das Personalpronomen vous ist zugleich Pronomen
für die Höflichkeitsform im Singular und im Plural (Sie)
und für die 2. Person Plural (ihr).
Vous êtes Monsieur Robert?
Vous êtes Stéphane et Charlotte?

> **Betonte Personalpronomen**
>
> Betonte Personalpronomen verwenden Sie u. a. nach
> **c'est** und zur Hervorhebung eines Subjekts.
>
> | unbetonte Pronomen | → | betonte Pronomen |
> |---|---|---|
> | Je suis … | → | C'est moi. |
> | Tu es … | → | C'est toi. |
> | Vous êtes … | → | C'est vous. |
>
> Moi, je m'appelle Philippe Richard.
> C'est toi, Stéphane?

2. **Setzen Sie das richtige Pronomen ein.**

1. ____ suis Madame Durand.
2. ■ ____ êtes Michel Lambert? ● Oui, c'est ça.
3. ____ m'appelle Stéphane Saler.
4. ■ C'est ____ , Stéphane Saler? ● Oui, c'est ____ .
5. Et ____ , tu es Lucie?
6. Mademoiselle Catherine Moulin, c'est ____ ?

AUSSPRACHE

> [s] = **stimmloses s**
> salut
> c'est ça
> Lucie
> Sophie
>
>
>
> [z] = **stimmhaftes s tritt zwischen zwei Vokalen**
> **– als Bindungs-s – oder in der Schreibung z auf.**
> vous êtes
> Mademoiselle
> Zola
>
>

3. **Hören Sie die Sätze und unterstreichen Sie alle Wörter mit stimmhaftem s.**

1. C'est toi, Sophie?
2. Vous êtes Sophie.
3. Salut. Je suis Stéphane.
4. Vous êtes Mademoiselle Sophie Zola.
5. C'est Monsieur Stéphane Saler.
6. Vous êtes Lucie Saler. C'est ça?

4. **Hören Sie die Sätze noch einmal und sprechen Sie sie nach.**

LERNTIPPS

Um das Hörverstehen zu trainieren, arbeiten Sie möglichst oft mit der CD oder Kassette. Hören Sie sich die Aufnahmen an, ohne die entsprechenden Texte gleich mitzulesen. Lassen Sie sich nicht entmutigen, wenn Sie beim ersten Hören nicht jedes Wort verstehen, sondern konzentrieren Sie sich auf den Inhalt und versuchen Sie das Wesentliche herauszuhören.

ÇA VA?

Sie lernen weitere Begrüßungs-
formeln kennen. Sie lernen
Getränke zu bestellen.
Der unbestimmte Artikel
im Singular und die Zahlen
bis 16 werden vorgestellt.

Je voudrais un café, s'il vous plaît.

Un café, une eau minérale et deux coca...

Bonjour, ça va?

Ça va bien, merci.

Ça va. Et toi?

1. **Wie begrüßen sich die Leute? Spielen Sie die Szene nach.**

2. **Schauen Sie sich die Wörter an und ergänzen Sie die Tabelle.**

> un verre   une table   un thé   un jus d'orange   un café
> un croque-monsieur   une chaise   une pizza   un cendrier   une salade
> un coca   une carafe   une limonade   un apéritif   un sandwich

Getränke	Essen	Gegenstände
...	...	...

3. **Sie möchten in einem Café etwas bestellen. Was sagen Sie?**

• Nach dem Befinden
  fragen

Bonjour, ça va?

ÉCOUTER

🎧 **1.** Hören Sie das Telefongespräch. Wer möchte mit wem sprechen?

🎧 **2.** Hören Sie das Gespräch noch einmal.
Wie viele Fragen erkennen Sie?

2 ☐   3 ☐   5 ☐

3. Lesen Sie den Dialog mit verteilten Rollen.
Wie lautet die formelle Entsprechung von *ça va*?

- ● Société Ventout, bonjour.
- ■ Bonjour, Madame. Monsieur Leblanc
  est là, s'il vous plaît?
- ● Oui, il est là. Vous êtes Monsieur ...?
- ■ Renaud.
- ● Pardon?
- ■ Victor Renaud.
- ● Un instant, s'il vous plaît.
- ▲ Allô?
- ■ Bonjour, Monsieur Leblanc,
  c'est Victor Renaud.
- ▲ Ah! Monsieur Renaud!
  Bonjour. Comment allez-vous?
- ■ Très bien, merci. Et vous?
- ▲ Bien, merci ...

> Wenn man aus einem Aussagesatz eine Frage machen möchte, hebt man die Stimme am Ende des Satzes.
> **Monsieur Leblanc est là?↗**
> **Oui, il est là.↘**

INFO

In Frankreich meldet man sich am Telefon oft nur mit *Allô*. Der Anrufer erkundigt sich dann, ob der gewünschte Gesprächspartner am Apparat ist und nennt seinen eigenen Namen.

> Bonjour,
> Monsieur Allô.

PARLER

4. Führen Sie zu dritt ein Telefongespräch nach folgendem Modell.
A erhält einen Anruf von B.
B möchte mit C sprechen.
A verbindet.
C nimmt den Anruf entgegen.
B grüßt C und fragt nach dem Befinden ...

> Allô?
> Monsieur / Madame ...
>   est là, s'il vous plaît?
> Un instant, s.v.p.
> Comment allez-vous?
> Et vous?

→ AB 10 (C)

LIRE

5. Lesen Sie die Auszüge aus einem Chat. Wie viele Personen kommunizieren miteinander? Wie verabschieden sie sich?

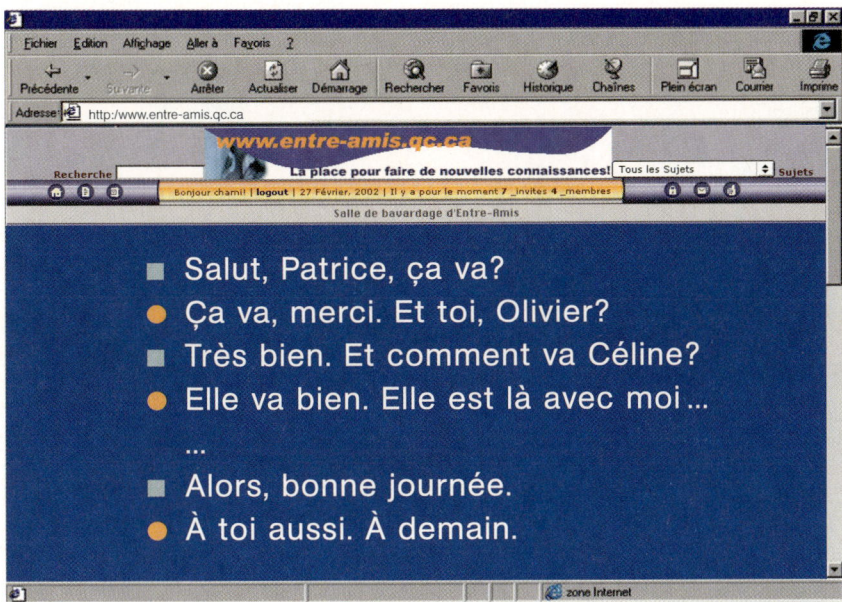

■ Salut, Patrice, ça va?
● Ça va, merci. Et toi, Olivier?
■ Très bien. Et comment va Céline?
● Elle va bien. Elle est là avec moi…

…

■ Alors, bonne journée.
● À toi aussi. À demain.

ÉCRIRE

6. Schreiben Sie zu zweit einen kurzen Dialog nach dem Modell von Übung 5.

S'ENTRAÎNER

INFO

Mit den Fragen *Comment allez-vous?* bzw. *(Comment) ça va?* wird in der Regel nicht nach dem tatsächlichen Befinden gefragt. Es ist eher eine Höflichkeitsfloskel, die man meistens mit *très bien (merci)* oder *bien (merci)* beantwortet.

7. Wie reagieren Sie?

1. Salut.
   a. Allô. ☐   b. Salut. ☐   c. Bonne journée. ☐

2. Comment allez-vous?
   a. Merci. ☐   b. Bien. ☐   c. Et toi? ☐

3. C'est vous, Madame Péchin?
   a. Non, enchantée. ☐   b. Oui, c'est moi. ☐   c. Oui, elle est avec moi. ☐

4. Bonne journée!
   a. Ah, merci. ☐   b. À vous aussi. ☐   c. Oui. ☐

→ AB 5, 6, 7 (G), 11, 12 (C)

• Getränke und Snacks
bestellen

Un apéritif?

🎧 **8.** Sehen Sie sich das Bild an und lesen Sie den Dialog. Ordnen Sie die Wörter unten der Zeichnung zu.

Im Französischen gibt es im Singular zwei unbestimmte Artikel: **un** und **une**.

● Un apéritif, Messieurs Dames?
■ Oui, un kir, s'il vous plaît.
▲ Moi, je voudrais un porto, s'il vous plaît.
● Et pour vous, Madame, un apéritif aussi?
▼ Non merci, pour moi, un café.

un jus d'orange	une bière	une eau minérale
un verre de vin	une cravate	un chapeau
une cigarette	un serveur	un bar	une bouteille
un chien	un portable	un agenda

9. In der Übung 8 werden die unbestimmten Artikel *un / une* benutzt. Welche Form ist männlich, welche weiblich?

→ AB 8 (G)

S'ENTRAÎNER

10. Schauen Sie sich die Karte an und formulieren Sie verschiedene
Bestellungen.

CHEZ FRED
Carte

Boissons

apéritifs: porto,
        pastis, ...5 €
kir, whisky .... 6 €
bière: pression .... 3 €
       bouteille ... 4 €
vin blanc .... 4 €
vin rouge .... 4 €

limonade .... 2 €
coca .... 3 €
jus d'orange ...... 3 €
jus de tomate ..... 3 €
eau minérale ..... 2 €
thé .... 2 €
café .... 1 €

Snacks

sandwich .... 3 €
croque-monsieur .... 4 €
pizza .... 5 €
salade .... 5 €

▲ Je voudrais un pastis, s'il vous plaît.
■ Une bière pression, s'il vous plaît.

INFO

In Frankreich trifft
man sich häufig zum
Aperitif. Dieser kann
in einem Café ein-
genommen oder als
private Einladung
ausgesprochen werden.
Mit einer Einladung
zum Aperitif, der
häufig am späten Nach-
mittag angeboten wird,
ist jedoch kein Abend-
essen verbunden.

ÉCOUTER

11. Hören Sie, wie die Zahlen von null bis sechszehn ausgesprochen
werden.

12. Hören Sie noch einmal und setzen Sie die Zahlen in die richtige
Reihenfolge.

> cinq deux dix douze huit neuf onze quatorze zéro
>   quatre quinze seize sept six treize trois un

0 = zéro, 1 = ...

13. Hören Sie die Äußerungen mehrmals und beantworten
Sie die Fragen.
  a. Welche Sprachen erkennen Sie?
  b. Welche Getränke werden bestellt?
  c. Wie viel wird für einen *croque-monsieur* und wie viel
     für die Runde Getränke bezahlt?

→ AB 1, 2, 3 (V); 9 (C)

INFO

Jacques Prévert (1900–1977), Lyriker, Chansondichter und Drehbuchautor ist einer der populärsten französischen Schriftsteller des vergangenen Jahrhunderts.

ÉCRIRE

🎧 **14.** Ergänzen Sie das Gedicht von Prévert und hören Sie es.

$2 + 2 = 4 \rightarrow$
$4 + 4 = 8 \rightarrow$
$8 + 8 = 16 \rightarrow$

$2 + 2 = 4 \rightarrow$
$4 + 4 = 8 \rightarrow$
$8 + 8 = 16 \rightarrow$

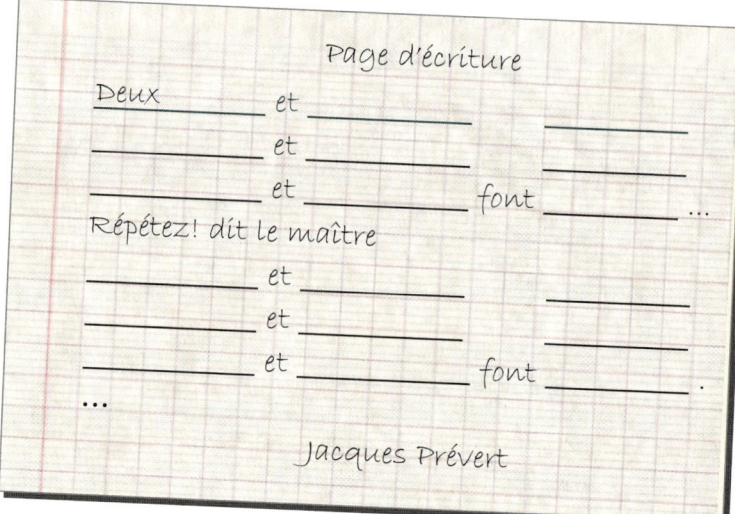

Page d'écriture

Deux _____ et _____
_____ et _____
_____ et _____ font _____ …
Répétez! dit le maître
_____ et _____
_____ et _____
_____ et _____ font _____ .
…

Jacques Prévert

PRONONCER

[ɑ̃] wie in orange
[ɔ̃] wie in non
[ɛ̃] wie un

🎧 **15.** Hören Sie die Wörter und sprechen Sie sie nach. Hören Sie sie dann noch einmal und ordnen Sie sie zu.

comment   bonsoir   orange   agenda   bien   enchanté
Moulin   Antoine   non   bonjour   demain
instant   chien   Durand   Legrand   un

[ɑ̃]	[ɔ̃]	[ɛ̃]
…	…	un

JOUER

16. Suchen Sie sich eine der Situationen aus und bereiten Sie in Kleingruppen einen kurzen Dialog vor. Spielen Sie Ihre Szene vor.
– in der Bar
– am Telefon
– Begegnung auf der Straße

→ AB 4 (V); 13, 14, 15 (AS)

Repères

KOMMUNIKATION

Nach dem Befinden fragen und antworten	Am Telefon	Etwas bestellen
Comment allez-vous?	Allô?	Je voudrais un café, s'il vous plaît.
Comment ça va?	..., s'il vous plaît.	(Pour moi,) une salade, s'il vous plaît.
Ça va?	Pardon?	
Ça va.	Un instant.	
Bien, merci./		
Très bien, merci.		

1. Was sagen Sie,
   a. wenn Sie jemanden formell nach seinem Befinden fragen?
   b. wenn Sie einen guten Freund nach seinem Befinden fragen?
   c. wenn jemand Sie nach Ihrem Befinden fragt?
   d. wenn Sie sich bedanken?
   e. wenn Sie ein Mineralwasser bestellen möchten?
   f. wenn Sie etwas nicht richtig verstanden haben?

GRAMMATIK

Der unbestimmte Artikel im Singular

Im Französischen sind Nomen entweder feminin oder maskulin. Neutrale Nomen wie im Deutschen – z. B. «das Kind» – gibt es nicht. Im Singular können Sie das Geschlecht des Nomens immer am dazugehörigen unbestimmten Artikel erkennen.

un ist der unbestimmte Artikel Singular für maskuline Nomen	**une** ist der unbestimmte Artikel Singular für feminine Nomen
un serveur	une bouteille
un café	une table

2. Ordnen Sie die Wörter nach ihrem Geschlecht.

un	une
...	...

salade   serveur   bouteille   agenda   apéritif
café   bière   jus d'orange   portable
chien   eau minérale

Die Zahlen bis 16

0=zéro	5=cinq	10=dix	15=quinze
1=un	6=six	11=onze	16=seize
2=deux	7=sept	12=douze	
3=trois	8=huit	13=treize	
4=quatre	9=neuf	14=quatorze	

AUSSPRACHE

Im Französischen kann man aus einer Aussage ganz einfach eine Frage machen:

Im Schriftlichen wird statt eines Punktes ein Fragezeichen gesetzt,

beim Sprechen verändert man die Satzmelodie.

Fallende Betonung

Die Stimme senkt sich am Ende eines Aussagesatzes.
. C'est Paul Leblanc.

Steigende Betonung

? Die Stimme hebt sich am Ende eines Fragesatzes.
C'est Paul Leblanc?

🎧 **3. Hören Sie die zehn Sätze und kreuzen Sie an.**

Satz	Frage	Aussage
1	x	
...		

Typisch für das Französische sind die Nasallaute, die in der Lautschrift folgendermaßen dargestellt werden:

[ɔ̃] bonsoir, non, bon

[ɑ̃] enchanté, orange, comment

[ɛ̃] vin, demain, bien

LERNTIPPS

Sie haben bereits einige französische Vokabeln und Redewendungen kennen gelernt. Um den neuen Wortschatz zu lernen, arbeiten Sie am besten mit einer Lernkartei. Schreiben Sie die Wörter auf Kärtchen. Markieren Sie Besonderheiten der Aussprache. Notieren Sie grammatische Merkmale oder andere Hinweise, die Ihnen das Lernen erleichtern. Versuchen Sie, jeweils ein Beispiel zu finden, damit das neue Wort in einem anschaulichen Zusammenhang steht.

VOUS TRAVAILLEZ OÙ?

Sie lernen einige Berufs-
bezeichnungen kennen.
Der bestimmte Artikel
im Singular und die Verben
auf –er werden vorgestellt.

**Programmes de RFI à Berlin 106FM
RFI-Programm Berlin UKW 106**

Société Française
Communication & Médias
222, avenue F. Roosevelt
F 69120 Vaux-en-Velin
Internet: www.sfcm.fr
mél: benoîtgary@sfcminfo.fr

🎧 **1. Hören Sie die Tondokumente. Mit welchen Berufen bringen Sie
sie in Verbindung?**

a. le professeur   c. le journaliste   e. la vendeuse

b. la technicienne   d. la secrétaire   f. le serveur

2. Wo arbeiten die Personen?

Le professeur travaille ...

dans un bureau	chez Peugeot	dans une rédaction
dans une école de langues	dans un magasin	dans un restaurant

3. Und Sie, wo arbeiten Sie?

chez ...

Je travaille ...   dans ...

à la maison.

• Berufsbezeichnungen
  kennen lernen

Je suis ingénieur

🎧 **1. Hören Sie den Text. Welche Berufe werden genannt? Kreuzen Sie an.**

Monsieur Klein est ingénieur chez Novacom, une entreprise en Allemagne. Il visite la filiale à Mulhouse.

> Wie im Deutschen verfügen die meisten Berufsbezeichnungen über eine maskuline und feminine Form. Es gibt immer weniger Ausnahmen, die nur eine maskuline Form haben wie z. B. professeur. Hier behilft man sich in der Umgangssprache mit la prof.

- ☐ a. l'employé
- ☐ b. l'ingénieur
- ☐ c. le retraité
- ☐ d. la graphiste
- ☐ e. le technicien
- ☐ f. la secrétaire
- ☐ g. l'informaticien
- ☐ h. l'assistante

🎧 **2. Hören Sie den Text noch einmal. Sind die Aussagen richtig oder falsch? Korrigieren Sie sie gegebenenfalls.**

	vrai	faux
1. Mme Bouvet est assistante.	☐	☐
2. M. Dupont est informaticien.	☐	☐
3. Mme Bouvet et le technicien sont dans l'atelier de production.	☐	☐
4. M. Klein travaille chez Novacom-Mulhouse.	☐	☐
5. L'informaticien est à la cafétéria.	☐	☐
6. Mme Richard est graphiste.	☐	☐

> Monsieur und Madame können mit M. und Mme abgekürzt werden. Mademoiselle wird mit Mlle abgekürzt.

3. Bilden Sie Sätze mit folgenden Satzteilen.

La serveuse	travaille	dans	technicien
Céline	est	chez	un restaurant
Une secrétaire	visite		L'Oréal
Pierre	est		un bureau
Le journaliste			l'atelier de production

DÉCOUVRIR

4. Lesen Sie den Text. Wie viele feminine und wie viele maskuline Berufsbezeichnungen finden Sie?

- ● Bonjour, Monsieur Klein, je m'appelle Anne Clément. Je suis l'assistante de Madame Bouvet. Bienvenue chez Novacom-Mulhouse!
- ■ Merci, Madame. Madame Bouvet est là?
- ● Oui, elle discute avec Monsieur Dupont, le technicien. Ils sont dans l'atelier de production.
- ■ Ah, hum ...
- ● ... Vous voulez un café? (...) Ah! Voilà Monsieur Lenoir, l'informaticien, avec Madame Richard, la graphiste. ... Monsieur Klein de Stuttgart.
- ▲ Enchantée. Vous travaillez ici?
- ■ Non, je visite l'entreprise.

5. Ergänzen Sie die Tabelle.

TIPP

Sie haben nun die bestimmten Artikel **le**, **la**, **l'** kennen gelernt. Lernen Sie Nomen immer mit Artikel. Nomen, die mit einem Vokal beginnen wie z. B. **l'ingénieur** / **l'entreprise** sollten Sie jedoch mit dem unbestimmten Artikel **un** / **une** lernen.

mask.	fem.
graphiste	——
——	journaliste
assistant	——
——	employée
informaticien	——
——	technicienne
vendeur	——
——	serveuse

PARLER

6. Finden Sie zu jeder Persönlichkeit zwei Schlüsselwörter und nennen Sie ihren Beruf.

Maurice Ravel

Isabelle Adjani

Bernard Kouchner

Claire Bretécher

musique   comédienne   politique   artiste   musicien
humour   théâtre   médecin

7. Machen Sie eine Kettenübung und nennen Sie Ihren Beruf.

- ■ Je suis employé/e. Et vous?
- ● Je suis femme au foyer. Il/Elle est employé/e. Et vous?

→ AB 1, 3 (V); 4, 5, 6, 9 (G); 12 (C)

• **Nach dem Namen, Wohn- und Arbeitsort fragen**

Je travaille à Paris

LIRE

🎧 **8. Lesen Sie den Dialog mit verteilten Rollen.**

Sie können jemanden auf verschiedene Weise nach dem Namen fragen:
Quel est votre nom?
Comment vous appelez-vous?
Vous êtes …?
Tu t'appelles comment?

travailler
je travaille
tu travailles
il/elle/on travaille
nous travaillons
vous travaillez
ils/elles travaillent

B. LEROY: Je m'appelle Bernard Leroy. Je suis professeur.
Je suis français et j'habite près de Paris. Et vous, Madame, quel est votre nom?

S. WINTER: Je m'appelle Sarah Winter. Je suis allemande, mais je travaille et j'habite à Paris. Je suis dentiste. Et vous, Madame Abt, qu'est-ce que vous faites comme métier?

A. ABT: Je suis pharmacienne et je suis suisse.

J. FASO: Et vous travaillez où?

A. ABT: Je travaille à Zurich, mais j'habite à Maur. Et vous, vous habitez où?

S. SÁNCHEZ: On habite à Madrid. Je suis architecte et Isabel est étudiante …

⚠️ **j'habite**
j'écoute

Im gesprochenen Französisch wird on häufig in der Bedeutung von nous verwendet.

9. Sehen Sie sich die Fragen und Antworten in 8 noch einmal an.
Wie fragt man nach – dem Namen? – dem Arbeitsort?
– dem Beruf? – dem Wohnort?

10. Ordnen Sie den Fragen die passenden Antworten zu.

1. Vous habitez où?
2. Quel est votre nom?
3. Vous travaillez où?
4. Je travaille à Versailles. Et vous?
5. Qu'est-ce que vous faites comme métier?

a. Je suis architecte.
b. J'habite à Lyon.
c. Je travaille dans un supermarché.
d. Je travaille à Bordeaux.
e. Je m'appelle Luc Blin.

mask	fem.
français	française
allemand	allemande
autrichien	autrichienne
suisse	suisse

→ AB 7, 8 (G)

S'ENTRAÎNER

11. Verbinden Sie die Satzteile.

Je	es allemande?
Tu	travaille à Lille.
Il/Elle/On	habite près de Nantes.
Nous	habitent à Lyon.
Vous	travaillons dans un hôtel.
Ils/Elles	êtes Sophie?

12. Ergänzen Sie die Formen von *être, travailler, habiter*.

1. Monsieur Rimbaud ____ retraité. Il ____ à Paris.
2. Moi, je ____ dans un hôtel. Et toi, tu ____ où?
3. Je ____ pharmacien et Carole ____ ingénieur. Nous ____ à Paris.
4. Monsieur Lamarque ____ vendeur, il ____ dans un magasin.
5. Vous ____ à Lyon?
6. Jeanne Valet ____ française.
7. Il ____ près de Paris et il ____ professeur.
8. Monsieur et Madame Moulin ____ à Marseille.
9. Je ____ chez Leclerc, un supermarché français.

JOUER

13. Arbeiten Sie zu zweit. A bleibt auf dieser Seite, während B die Seite 163 aufschlägt. Suchen Sie sich eine neue Identität. Stellen Sie sich nun gegenseitig Fragen:
- **Name?**
- **Beruf?**
- **Wohnort?**

14. Fragen Sie mindestens drei Kursteilnehmer, wo sie wohnen, welchen Beruf sie haben und wo sie arbeiten. Stellen Sie dann eine weitere Person vor.

Bernard Morel ARCHITECTE
10, rue Braille
69130 Lyon
Tél: +33(0) 4 78 14 05 51
Fax: +33(0) 4 78 14 05 50
b.morel@caramail.com

INTERFACE
Élodie Buffet
Informaticienne
20, rue des Rosiers
59001 Lille
Tél: +33(0) 3 20 06 03 42
elodie.buffet@wanadoo.fr

→ AB 2 (V); 11, 13, 14 (C)

C'est qui?

PARLER

15. Sie stellen eine Person aus Ihrem Kurs vor, ohne den Namen zu sagen. Die anderen versuchen zu raten, wer die Person ist.

> Il/Elle habite ...   Il/Elle travaille ...   Il/Elle est ...
> C'est qui?
> C'est Marie/Monsieur .../Madame ...

PRONONCER

Die Buchstaben **ou** werden wie das deutsche u (= [u] in der Lautschrift), der Buchstabe **u** wie das deutsche ü (= [y] in der Lautschrift) ausgesprochen.

16. Sammeln Sie in der *unité* Wörter mit den Lauten [u] und [y]. Hören Sie dann die Beispiele und ergänzen Sie.

[u]	[y]
...	bureau

LIRE

17. Schauen Sie sich das Werbeplakat an.
Lesen Sie den Slogan. Was fällt Ihnen auf?

→ AB 10 (C); 15, 16, 17 (AS)

La guadeloupe.
Nous,
Vous,
Îles

Nous, de la Guadeloupe, des Saintes, de Marie-Galante, de la Désirade, de Saint-Martin et de Saint-Barthélemy vous invitons.
Vous, avides de détente, de découvertes, d'Histoire et de traditions, découvrez notre archipel.
Îles où le soleil rythme les journées, les aventures sportives, les marchés colorés et le farniente sur la plage.
La Guadeloupe et ses îles, cet été, venez nous y rejoindre!

Saint Martin
Saint Barthélemy
La Guadeloupe
La Désirade
Marie-Galante
Les Saintes

OFFICE DÉPARTEMENTAL DU TOURISME DE LA GUADELOUPE

Repères

KOMMUNIKATION

Nach dem Beruf fragen und antworten

Qu'est-ce que vous faites (comme métier)?

Je suis journaliste.

Nach dem Wohn- oder Arbeitsort fragen und darüber berichten

Vous travaillez où?

Je travaille dans un magasin/à la maison/
chez Peugeot/à Lyon.

Vous habitez où?

J'habite à Lille/près de Paris.

Nach dem Namen fragen und antworten

Quel est votre nom?

Comment vous appelez-vous?/
Tu t'appelles comment?

Je suis/Je m'appelle ...

seine Staatsangehörigkeit angeben

Je suis allemande/e

Vous êtes français/e?

GRAMMATIK

Der bestimmte Artikel	
mask.	fem.
le	la
l' vor einem Vokal	
le verre	la secrétaire
l'informaticien	l'entreprise

Der unbestimmte Artikel	
mask.	fem.
un	une
un chien	une bouteille

1. **Ersetzen Sie bei folgenden Nomen den unbestimmten durch den bestimmten Artikel.**

un agenda – une bière – une bouteille – un vendeur – un chien – une cravate – une eau minérale – une entreprise – un dentiste – un architecte

Nomen: maskulin/feminin	
Manche maskuline und feminine Nomen sind identisch, häufig jedoch unterscheiden sie sich durch ihre Endungen.	
un journaliste	une journaliste
un retraité	une retraitée
un serveur	une serveuse
un informaticien	une informaticienne

2. **Wie lauten die weiblichen Formen zu folgenden Wörtern?**

1. un graphiste ___
2. l'étudiant ___
3. un pharmacien ___
4. le vendeur ___
5. français ___
6. allemand ___
7. autrichien ___
8. suisse ___

> **Regelmäßige Verben auf -er**
>
> Wie **travailler, habiter, écouter, parler, discuter** und **visiter** sind die meisten Verben auf **-er** regelmäßig.
>
> | | |
> |---|---|
> | je travaille | nous travaillons |
> | tu travailles | vous travaillez |
> | il/elle/on travaille | ils/elles travaillent |

3. **Ergänzen Sie die Verbendungen. Welche Formen werden gleich gesprochen?**

j'habit-	nous habit-
tu habit-	vous habit-
il/elle/on habit-	ils/elles habit-

4. **Ordnen Sie die Verbformen den Personalpronomen zu und bilden Sie einen Satz. Eine Verbform kann mehreren Pronomen zugeordnet werden.**

1. je
2. tu
3. il
4. elle
5. on
6. nous
7. vous
8. ils
9. elles

a. travaille
b. sommes
c. discutes
d. travailles
e. sont
f. habitent
g. visitons
h. êtes
i. habite
j. suis
k. travaillez

AUSSPRACHE

> **Die Laute [y] und [u]**
>
> Merken Sie sich, dass der französische Buchstabe **u** wie das deutsche **ü** ausgesprochen wird. Dem Laut [u] hingegen entspricht die französische Buchstabenkombination **ou**.
>
> [y] bureau, étudiant, discuter
> [u] bonjour, Toulouse, nous

LERNTIPPS

> Da Sie das Geschlecht der Nomen nicht immer ableiten können, lernen Sie die neuen Vokabeln immer mit Artikel, am besten mit dem unbestimmten Artikel *un* oder *une*. Wenn Sie die Vokabeln in ein Vokabelheft oder auf Karteikarten notieren, wählen Sie Symbole oder verschiedene Farben für die männlichen und die weiblichen Nomen. Sie könnten z.B. blaue und rote Stifte oder andersfarbige Karten benutzen.

GOÛTS ET LOISIRS

Sie lernen über Hobbies und Vorlieben zu sprechen. Die Verneinung, das Verb avoir, der Plural der bestimmten und unbestimmten Artikel und der Nomen sowie die Zahlen bis 69 werden vorgestellt.

a. On adore le foot! Mais, on n'aime pas le tennis.

b. J'aime les pro-menades et les animaux.

c. Moi, j'aime la musique classique et la littérature.

d. Je n'aime pas la télévision, mais j'aime le cinéma!

1. Lesen Sie die Kommentare und ordnen Sie sie zu.

2. Fragen und antworten Sie nach folgendem Muster.

● Qu'est-ce que vous aimez? Qu'est-ce que vous n'aimez pas?

■ Moi, j'aime la télévision, mais je n'aime pas le sport. Et vous?

les voitures   les chats   la danse   la nature
la photo   l'internet   les voyages

• Über Vorlieben sprechen

Qu'est-ce que vous aimez?

INFO

Niki de Saint Phalle (1930–2002) wurde durch ihre bunten Frauenfiguren, die «Nanas», bekannt. In Paris erholt man sich gerne an der von ihr mitgestalteten *Fontaine Stravinsky*, die sich neben dem Centre Pompidou befindet.

Die Verneinung im Französischen besteht aus zwei Elementen: **ne** steht vor und **pas** nach dem Verb:
Il ne travaille pas.
⚠ **Elle n'aime pas.**
Im gesprochenen Französisch wird das **ne** häufig weggelassen, z. B. **J'aime pas ...**, **C'est pas mal.**

Um Fragen zu stellen, die mit ja oder nein zu beantworten sind, haben Sie zwei Möglichkeiten:
Frage mit **est-ce que**:
Est-ce que vous aimez Ravel?
Intonationsfrage:
Vous aimez Ravel?

→ AB 7, 10 (G); 14, 18 (C)

ÉCOUTER

🎧 **1.** **Schauen Sie sich die Skulptur an. Hören Sie die Reaktionen und ergänzen Sie.**

C'est nul!
J'aime pas du tout.

Super, j'aime beaucoup.

Ah non, moi, je n'aime pas!

Oui, j'aime bien.
C'est original.

C'est pas mal,
j'aime assez!

++	J'aime ___	–	Je n'aime ___
+	J'aime/J'aime ___	– –	Je n'aime ___
+/–	J'aime ___		

DÉCOUVRIR

🎧 **2.** **Hören Sie das Interview und lesen Sie es dann.**
Wie fragt der Journalist nach den Vorlieben?

● Bonjour, Monsieur, vous avez cinq minutes?
■ Oui, pourquoi?
● C'est pour un sondage sur les goûts des Français. Qu'est-ce que vous aimez?
■ Eh bien, j'aime beaucoup la littérature.
● Très bien. Est-ce que vous aimez aussi le sport?
■ Le sport, non, je déteste, mais j'aime bien les promenades.
● Merci, Monsieur.

🎧 **3.** **Hören Sie zwei weitere Interviews und ergänzen Sie die Fragen des Journalisten.**

● ___ ? ■ Oui, j'aime bien la chanson française.
● ___ ? ■ Non, je n'aime pas du tout le jazz ...
● ___ ? ▲ Oui, on aime bien le cinéma.
▲ ___ ? ● J'aime les interviews.

4. **Wie würden die Fragen nach den Vorlieben lauten, wenn man sich duzt? Spielen Sie die Dialoge noch einmal in der Du-Form.**

PARLER

5. **Füllen Sie den Fragebogen aus und fragen Sie zwei andere Teil-nehmer nach ihren Lieblingsbeschäftigungen. Fassen Sie Ihre Ergebnisse zusammen.**

Tu aimes / Est-ce que vous aimez le cinéma?
Kurt et Steffi aiment l'art moderne. M. Berg et moi, on aime le sport.

> TANDEM – FICHE D'INSCRIPTION
> Trouvez un partenaire pour les loisirs!
>
> Nom: _____   Prénom: _____
>
> | | | |
> |---|---|---|
> | ☐ le cinéma | ☐ la danse | ☐ l'équitation |
> | ☐ la lecture | ☐ les voyages | ☐ la cuisine |
> | ☐ la photo | ☐ l'internet | ☐ le jardinage |
> | ☐ les promenades | ☐ les langues | ☐ la télé(vision) |
> | ☐ la pêche | ☐ le bricolage | ☐ l'art moderne |
> | ☐ la musique | ☐ la politique | ☐ l'opérette |
> | ☐ les mots croisés | ☐ le sport | ☐ autres … |

> Der Plural des bestimm-ten Artikels lautet **les**.
> Bei den meisten Nomen wird im Plural ein **-s** angehängt.
> **le voyage → les voyages**

INFO
Les sorties des Français
Mindestens einmal im Jahr gehen
49% der Franzosen ins Kino,
33% ins Museum,
30% zu einem histori-schen Denkmal,
25% in eine Kunst-ausstellung,
16% ins Theater.
Vgl. Francoscopie 2001, S. 296

S'ENTRAÎNER

6. **Beantworten Sie die Fragen mit *non* und ergänzen Sie die richtige Antwort.**

1. ● Vous êtes française? ■ Non, je ne suis pas française, je suis ___
2. ● Est-ce que vous habitez à Strasbourg? ■ ___
3. ● Est-ce que vous êtes professeur de français? ■ ___
4. ● Vous travaillez dans une école? ■ ___
5. ● Est-ce que vous écoutez la radio française? ■ ___

7. **Gehen Sie im Kurs herum und interviewen Sie sich gegenseitig nach folgendem Muster.**

■ Monsieur Schmidt, est-ce que vous aimez les sorties?
● Oui, j'aime bien le théâtre et j'aime beaucoup le cinéma, mais je n'aime pas l'opéra.

LES SORTIES	LA MUSIQUE	LE SPORT
le théâtre	le rap	le football
l'opéra	la chanson française	les boules
les concerts	le jazz	la danse

→ **AB 1, 2 (V); 6, 8 (G),**
15, 16 (C)

- Mengen benennen
- Die Zahlen bis 69

Collectionneur?

 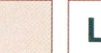
LIRE

8. Lesen Sie den Text und ordnen Sie die Fotos zu. Bilden Sie dann mithilfe des Glossars die Singularformen der neuen Wörter.

LES COLLECTIONS – TENDANCES

Le collectionneur classique a
- ☐ des timbres,
- ☐ des pièces de monnaie,
- ☐ des cartes postales ou encore
- ☐ des stylos,
- ☐ des lunettes.

Le collectionneur moderne a
- ☐ des porte-clés,
- ☐ des montres,
- ☐ des cartes de téléphone.

⚠ Im Französischen gibt es im Gegensatz zum Deutschen eine Pluralform für den unbestimmten Artikel: **des**.

avoir
j'ai
tu as
il/elle/on a
nous avons
vous avez
ils/elles ont

S'ENTRAÎNER

9. Welche Dinge haben Sie heute mit im Kurs? Finden Sie heraus, was Sie mit anderen Teilnehmern gemeinsam haben. Machen Sie in kleinen Gruppen ein Kettenspiel wie im Modell.

ANNE: Daniel et moi, on a des dictionnaires.
DANIEL: Anne et moi, on a des dictionnaires, Paul et moi, on a des stylos.
PAUL: Anne et Daniel ont des dictionnaires, Daniel et moi, nous avons des stylos, Claudia et moi, on a des montres.

un sac
un miroir de poche
des mouchoirs en papier
un rouge à lèvres
un briquet
un livre

→ AB 11, 12, 13 (G)

DÉCOUVRIR

🎧 **10. Hören Sie die Zahlen und sprechen Sie sie nach.**

17 dix-sept	20 vingt	30 trente
18 dix-huit	21 vingt et un	31 trente et un
19 dix-neuf	22 vingt-deux	32 trente-deux
	…	…
40 quarante	50 cinquante	60 soixante
41 quarante et un	51 cinquante et un	61 soixante et un
		…
		69 soixante-neuf

> Die Bildung der Zahlen von 17 bis 69 ist regelmäßig. Zwischen Zehnern und Einern wird jeweils ein Bindestrich hinzugefügt, nur zwischen Zehnern und Eins steht ein **et**.

11. Von welchen Dingen besitzen Sie mehr als nur eins? Schreiben Sie drei davon auf einen Zettel. Die Zettel werden eingesammelt und neu verteilt. Finden Sie heraus, was zu wem gehört.

- ◾ David! Vous avez / Tu as cinq montres …?
- 🟠 Oui, c'est moi. Bravo! / Ah non, ce n'est pas moi.
  Je n'aime pas les montres,
  mais par contre, j'ai des CD.

> J'ai cinq montres, des CD et 30 cravates environ.

> Jamais deux sans trois!

JOUER

~~17~~	~~8~~	49	33
23	~~34~~	56	5
45	28	~~21~~	37
52	~~65~~	16	~~68~~

12. Zeichnen Sie ein Gitter und tragen Sie beliebige Zahlen bis 69 ein. Nennen Sie nacheinander eine Zahl. Stimmt eine Zahl mit einer Ihrer Zahlen überein, streichen Sie sie durch. Wer als erster eine Gerade über vier Kästchen ziehen kann, ruft «Bingo» und hat gewonnen.

13. Flohmarkt im Klassenraum: Sammeln Sie Dinge, die Sie verkaufen wollen oder zeichnen Sie sie auf. Bereiten Sie Preisetiketten vor. Vergessen Sie nicht, die Preise herunterzuhandeln! Benutzen Sie nur die Zahlen, die Sie schon kennen.

- ◾ Bonjour, Monsieur. C'est combien, la montre?
- 🟠 C'est dix euros, Madame.
- ◾ Oh! C'est trop cher!
- 🟠 Et pour huit euros?
- ◾ D'accord.

→ AB 3, 4, 5 (V); 9 (G); 17, 19 (C)

ÉCRIRE

14. **Lesen Sie die Porträts. Schreiben Sie dann einen kleinen Text über sich oder eine Person aus Ihrem Kurs.**

LES GENS

Céline habite dans un village près de Versailles. Elle est professeur de musique. Elle aime beaucoup l'art, mais elle n'aime pas le travail de Niki de Saint Phalle.

Éric aime le foot, les bandes dessinées et la mousse au chocolat. C'est aussi un collectionneur. Chez lui, il a soixante-huit stylos, des timbres et des pièces de monnaie.

Catherine et moi, nous sommes ingénieurs. Nous habitons à Bordeaux. Nous aimons la mer, l'équitation et le golf. Nous avons un chien, Napoléon. Il aime les promenades et l'eau.

→ **AB 20, 21 (AS)**

Repères

KOMMUNIKATION

Sagen und fragen, was man mag / nicht mag

Qu'est-ce que vous aimez?

Est-ce que vous aimez le sport?

J'adore ...	Je n'aime pas ...
J'aime beaucoup ...	Je n'aime pas du tout ...
Moi, j'aime ...	Je déteste ...
J'aime bien ...	
J'aime assez ...	

Sagen, dass man einverstanden ist

D'accord.

Etwas beurteilen / bewerten

C'est original.

C'est super!

Bravo!

C'est pas mal.

C'est nul!

C'est trop cher.

Nach dem Preis fragen

C'est combien?

1. **Nennen Sie drei Dinge, die Sie sehr gerne, ziemlich gerne und gar nicht mögen.**

2. **Was sagen Sie,**
   a. **wenn Sie etwas originell finden?**
   b. **wenn Sie fragen möchten, wie teuer ein bestimmtes Buch ist?**
   c. **wenn Sie etwas zu teuer finden?**

GRAMMATIK

Das Verb avoir

Die Konjugation des Verbs **avoir**

ist unregelmäßig.

j'ai

tu as

il/elle/on a

nous avons

vous avez

ils/elles ont

Die Verneinung

Die Verneinung besteht aus zwei Teilen, die das Verb wie eine Klammer umschließen: **ne** steht immer vor und **pas** nach dem Verb. In der gesprochenen Sprache wird das **ne** manchmal weggelassen.

Il ne travaille pas.

Ils n'aiment pas.

Vous n'habitez pas à Paris?

J'aime pas.

3. **Verneinen Sie folgende Sätze.**
   1. J'habite à Paris.
   2. Tu travailles dans un magasin.
   3. Ça va.
   4. Il est ingénieur.
   5. Nous aimons le foot.
   6. Vous êtes français.
   7. Elles travaillent à l'hôtel Bellevue.

Der bestimmte Artikel			
mask. Sg.	fem. Sg.	les	les arts
le/l'	la/l'		
le cinéma	la danse		
l'art	l'équitation		les langues

(Plural)

Der unbestimmte Artikel			
mask. Sg.	fem. Sg.	des arts	
un	une	des	
un cinéma	une danse	des langues	

(Plural)

4. Ersetzen Sie bei folgenden Nomen den bestimmten durch den unbestimmten Artikel.

le chien – la photo – l'eau minérale – les artistes – l'école de langues – les bouteilles –
la technicienne – les verres – les chaises – la maison

Plural der Nomen

Den Plural der meisten Nomen bilden Sie, indem Sie ein **-s** an das Nomen
anhängen.

Da das **-s** nicht ausgesprochen wird, können Sie in der gesprochenen Sprache den Plural meist nur an den Begleitern, z. B. am Artikel, erkennen.

le chien → les chiens   une table → des tables

AUSSPRACHE

Achten Sie auf die Bindungen:

on‿adore, les‿animaux, vous‿aimez, c'est‿original, un‿euro, dans‿un village
Das Phänomen der liaison trägt dazu bei, dass man das Französische als Melodie empfin-
det. Ein kurzer Satz wird wie ein einziges Wort ohne Pause gesprochen.

5. Hören Sie zu und sprechen Sie nach.

vous êtes, ils ont, elles habitent, c'est un film français, elle est ingénieur, les animaux,
des opéras, un agenda

**6. Suchen Sie sich verschiedene Sätze aus der Einheit und versuchen Sie, sie ohne Pause
und wenn erforderlich mit *liaison* auszusprechen.**

Elles aiment l'art et les sorties.

LERNTIPPS

Wenn Sie die neuen Vokabeln und Ausdrücke auf wirkungsvolle und gleich-
zeitig entspannende Weise lernen möchten, vergessen Sie nicht, die Möglichkeit des Lernens mit Musik regelmäßig zu nutzen. Wählen Sie einen Moment
des Tages, an dem Sie ungestört sind. Legen Sie die CD mit der musikalisch
hinterlegten Vokabelliste auf, schließen Sie die Augen, konzentrieren Sie sich
auf eine tiefe, entspannte Atmung und hören Sie einfach nur zu.

À VOUS DE JOUER!

OPTION **1**

Sie wiederholen auf spielerische Weise die Inhalte
der ersten vier unités.
Sie üben die Bindung von
Wörtern und die Aussprache
der Nasale.

1. Schauen Sie sich die drei Vignetten aus dem Comic
von Claire Bretécher an und erfinden Sie Äußerungen und Gedanken,
die zu den jeweiligen Personen passen könnten.

2. Jouez.

Für das folgende Spiel benötigen Sie neben dem Spielfeld und den Aufgaben
einen Würfel und Spielfiguren. Bilden Sie Kleingruppen. Den gewürfelten
Zahlen entsprechend bewegen sich die Mitspieler vom Start in Richtung Ziel.
Hierzu müssen sie die Aufgaben der jeweiligen Spielfelder, auf denen Sie Halt
machen, lösen. Wenn Sie auf ein Spielfeld mit einer Leiter gelangen, dürfen
Sie nach oben steigen, wenn Sie auf ein Spielfeld mit einer Rutsche stoßen,
müssen Sie nach unten rutschen.

32	33	34	35
Beantworten Sie die Frage: *Vous êtes français/e?*	Fragen Sie Ihren Nachbarn, ob er moderne Kunst mag.	Sagen Sie, wie Sie Jazzmusik finden.	*serpent toboggan*
31	**30**	**29**	**28**
Fragen Sie Ihren Nachbarn, was er beruflich macht.	*échelle*	Beantworten Sie die Frage: *Vous habitez où?*	Wünschen Sie Ihrem Nachbarn einen schönen Tag.
16	**17**	**18**	**19**
Nennen Sie einen französischen Aperitif.	*verre: un* oder *une?*	*serpent toboggan*	Nennen Sie drei Substantive, die mit *c* beginnen.
15	**14**	**13**	**12**
Nennen Sie fünf Getränke.	Was ist das Gegenteil von *bonjour?*	*échelle*	Vervollständigen Sie: *avoir* j'____ nous ____ tu as vous avez il/elle/on ____ ils ont
DÉPART	**1** Vervollständigen Sie: *je – moi, tu – ____, vous – ____.*	**2** Welches Wort passt nicht zu den anderen? *apéritif, bouteille, portable, sandwich*	**3** Du, Sie oder beides? *Bonjour, comment allez-vous?*

44	45	46	
Welche Bedeutung hat die Frage *Comment allez-vous?*	Ist Jacques Prévert Sänger?	Was ist Maurice Ravel von Beruf?	ARRIVÉE

43	42	41	40
Die telefonische Begrüßung *allô* kann auch «guten Tag» bedeuten. Stimmt das?	Wie nennt man die «Begrüßungsküsschen» der Franzosen?	Mit *bonsoir* können Sie Leute auch tagsüber begrüßen. Stimmt das?	*serpent toboggan*

36	37	38	39
Wie fragen Sie nach dem Preis?	*échelle*	Nennen Sie die Namen eines französischen Schauspielers und einer französischen Schauspielerin.	Es kann unhöflich wirken, Unbekannte nur mit *bonjour* zu begrüßen. Stimmt das?

27	26	25	24
Bestellen Sie eine Tasse Kaffee.	Fragen Sie Ihren Nachbarn, wie es ihm geht	Stellen Sie sich mit Vor- und Nachnamen vor.	*chat: le* oder *la*?

20	21	22	23
Nennen Sie fünf Berufe.	Nennen Sie vier Sportarten.	Wie lautet diese Telefonnummer: 01.45.67.34.59	Nennen Sie fünf Gegenstände, die sich im Klassenraum befinden.

11	10	9	8
Was ist die Mehrzahl von *un chien*?	Sagen Sie das Gegenteil: *Ils adorent le sport.*	*serpent toboggan*	Vervollständigen Sie: *Il est étudiant, elle est ___*

4	5	6	7
échelle	Stellen Sie eine Frage, die man mit *C'est Jacques Férand* beantworten könnte.	Vervollständigen Sie: *travailler* je travaille — nous ___ / tu travailles — vous ___ / il/elle/on travaille — ils ___	Vervollständigen Sie: *être* je suis — nous sommes / tu ___ — vous ___ / il/elle/on est — ils ___

3. Schreiben Sie fünf Substantive ohne Artikel
auf einen Zettel. Die Zettel werden von
der Kursleiterin eingesammelt.
Der Kurs wird in zwei Gruppen geteilt:
eine Gruppe ist für den femininen Artikel
und die andere Gruppe für den maskulinen
Artikel zuständig. Die Kursleiterin liest nun
die Substantive vor: die betroffene Gruppe
muss jeweils aufstehen.

AUSPRACHE

4. Üben Sie die Bindung von Wörtern und die Aussprache der Nasale.

a. Hören Sie die Wörter zunächst und wiederholen Sie sie.
Bonjour, monsieur, sandwich, prends[1], jambon[2], boisson, vin, blanc, attention,
onze, cinquante

b. Ordnen Sie die Nasale zu.

[ɑ̃]	[ɔ̃]	[ɛ̃]
...	**bonjour**	...
...	...	...

c. Stellen sie sich nun in zwei Gruppen einander gegenüber. Jede Gruppe wählt
eine Sprechblase aus und jedes Gruppenmitglied liest sie zunächst für sich.
Lesen Sie sie dann gemeinsam laut. Sie können auch versuchen, sie auswendig aufzusagen.
Denken Sie daran, deutlich zu artikulieren und vergessen Sie die Bindung nicht!

> Bonjour, Monsieur! Je prends
> un sandwich au jambon ... et comme
> boisson ... un verre de vin blanc.

> Attention!... Voilà, un sandwich
> au jambon et un verre de vin blanc.
> Onze euros cinquante,
> s'il vous plaît.

1 Ich nehme

2 Schinken

CHEZ NOUS

Sie lernen über Ihre Familie und Ihre Wohnung zu sprechen. Die Adjektive, die Possessivbegleiter und das Verb *préférer* werden vorgestellt.

J'ai 77 ans et je suis veuve. Voilà mon deuxième mari!

Je ne suis pas mariée, je suis célibataire.

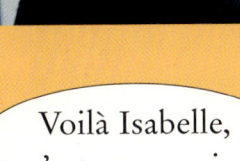

Voilà Isabelle, c'est mon amie.

Voici ma famille: ma femme et mes enfants, mes fils Benjamin et Maxime, et ma fille Gaëlle.

À la maison, nous sommes sans papa parce que nos parents sont divorcés.

1. **Lesen Sie die Sprechblasen. Welche Vokabeln gehören zum Thema Familie und Familienstand?**

la famille	la situation de famille
mon mari	veuve
...	...

2. **Welche Abbildung passt Ihrer Meinung nach am besten zur Schlagzeile von *marie france*?**

- Über Familienverhältnisse sprechen
- Besitzverhältnisse angeben

En famille

LIRE

1. Lesen Sie den Text und setzen Sie die Fotos in die richtige Reihenfolge.

> À la maison, nous sommes trois.
> Il y a maman, Julie et moi. Maman a trente-cinq ans.
> Elle est informaticienne et travaille toute la journée sur son ordinateur.
> Julie, c'est ma sœur. Elle a sept ans et elle est élève à l'école Voltaire.
> Moi, je m'appelle Valentin et j'ai huit ans. J'ai deux copains, Frédéric
> et son frère Vincent. Ils sont souvent chez nous avec leur chien Igloo.
> Vous savez pourquoi? Parce que Igloo adore
> notre chat Mistigri.

Im Französischen gibt man sein Alter mit **avoir** an: J'ai huit ans.

INFO

14% des familles françaises sont monoparentales.

→ AB 10 (C)

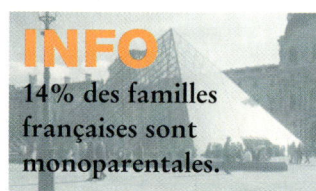

2. Lesen Sie die Aussagen. Sind sie richtig, falsch oder gibt es keine Angaben?

	vrai	faux	non précisé
1. La mère de Valentin a trois enfants.	☐	☐	☐
2. Le père de Julie est informaticien.	☐	☐	☐
3. Julie a sept ans.	☐	☐	☐
4. Valentin est le frère de Vincent.	☐	☐	☐
5. Frédéric et Vincent ont des chiens.	☐	☐	☐
6. Mistigri est un chat.	☐	☐	☐

DÉCOUVRIR

3. **Schauen Sie auf der Seite 45 nach, wie der Familienvater seine Familie vorstellt. Helfen Sie nun Valentin bei der Beantwortung der Fragen.**

● Valentin, l'informaticienne, c'est ta sœur?

■ Non, ce n'est pas ma sœur, c'est ma mère.

1. Et Julie, c'est ta sœur?

2. Frédéric et Vincent, ce sont tes frères?

3. Et Mistigri, c'est ton chien?

4. **Ergänzen Sie die Tabelle mit den fehlenden Possessivbegleitern.**

Mask. Sg.	Fem. Sg.	Pl.
mon		mes
	ta	
son		ses
		nos
votre		vos
		leurs

> Der Possessivbegleiter richtet sich im Französischen in Geschlecht und Zahl nach dem Nomen, vor dem er steht. Das Geschlecht des «Besitzers» spielt keine Rolle.
> Le chat de Julie: son chat
> Le chat de Valentin: son chat

S'ENTRAÎNER

5. **Jemand sammelt verschiedene Gegenstände ein, die die Teilnehmer zur Verfügung stellen. Jeder sucht sich dann etwas aus und fragt:**

■ Helmut, ce sont tes lunettes?   ▲ Petra, c'est ton/votre livre?

● Non, ce sont les lunettes de Manuela.   ▼ Oui, c'est mon livre.

6. **Sie kennen die Prinzenfamilie von Monaco? Schauen Sie sich den Stammbaum auf Seite 166 an. Stellen Sie die Familienmitglieder aus verschiedenen Perspektiven vor.**

Stéphanie est divorcée. Son père, c'est Rainier. Sa sœur, …
Grace Kelly est morte. Rainier, c'est son mari …
Il/Elle est mort/e.
Il/Elle est célibataire et sans enfants.

7. **Stellen Sie nun Ihrem Nachbarn anhand eigener Bilder/Fotos aus Zeitschriften Ihre oder eine andere Familie vor.**

C'est ma sœur, son mari et ses enfants. Sa fille, Sylvie …

→ AB 1, 2 (V); 5, 6, 7 (G)

- Wünsche äußern
- Etwas beschreiben
- Gründe angeben

Je cherche une location

ÉCOUTER

8. Lesen Sie die Immobilienanzeige und finden Sie die Bezeichnungen für die jeweiligen Zimmer.

CANET IMMOBILIER

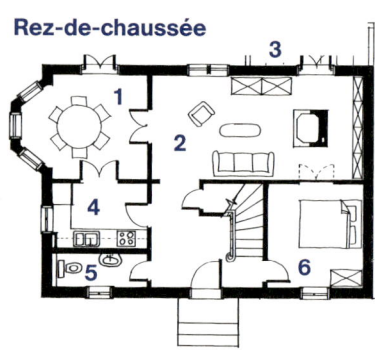

Rez-de-chaussée

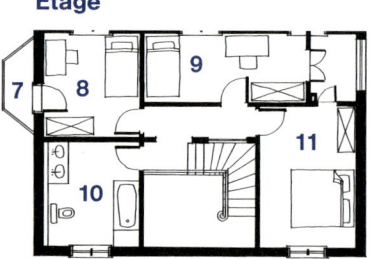

Étage

LOCATION DE VACANCES

Canet village

- À 8 km de la plage
- Maison pour une famille, avec terrasse, piscine et jardin

- Rez-de-chaussée: cuisine, salle à manger, salon, chambre, toilettes
- Étage: 3 chambres avec balcon, salle de bains

9. Die Familie Chabin sucht eine Ferienunterkunft. Hören Sie das Gespräch. Welche Auswahlkriterien sind Herrn Chabin wichtig?

10. Hören Sie noch einmal und beschreiben Sie in Stichwörtern die Wohnung, die Herrn Chabin angeboten wird.
Canet plage/un appartement de 4 pièces en face de la plage./…

11. Herr Chabin beschreibt seiner Familie die beiden Angebote. Was sagt er?
Il y a deux possibilités: une maison ou un appartement.
La maison est à Canet village …
Dans l'appartement, il y a 4 pièces …

DÉCOUVRIR

12. Was hat der Makler gesagt? Verbinden Sie.

1. La maison est   a. confortables
2. Les chambres sont b. petit
3. La cuisine est   c. grande
4. Le balcon est   d. moderne

> Die meisten Adjektive werden folgendermaßen angeglichen:
> Le balcon est grand.
> La chambre est grande.
> Les balcons sont grands.
> Les chambres sont grandes.
> Adjektive, die auf -e enden, haben keine eigene feminine Form: Le balcon est moderne.
> La chambre est moderne.

13. Und so sieht die Wohnung aus, in der die Familie Chabin lebt. Ergänzen Sie die Adjektive und achten Sie auf die Angleichung.

> confortable   pratique   petit   moderne   grand (2x)

Notre appartement est ____ . Il y a cinq pièces.
La cuisine est ____ .
Notre chambre est ____ , mais elle est ____ . Les chambres des enfants sont ____ . Il y a deux salles de bains. C'est très ____ .

PARLER

14. Wofür werden die Chabin sich Ihrer Meinung nach entscheiden? Begründen Sie Ihre Vermutungen.

La famille Chabin préfère l'appartement parce que la cuisine est moderne …/Elle préfère la maison parce qu'il y a une terrasse …

INFO

Logement – tendances
56 % des Français habitent dans une maison. 12,6 % des Français habitent seuls, mais la colocation est à la mode dans les grandes villes. 52 % des Français ont un animal domestique: dans un appartement plutôt un chat, dans une maison un chien.

15. Versuchen Sie nun, das Telefongespräch aus Übung 9 zu rekonstruieren und spielen sie es.

… allô …
… je cherche une maison ou un appartement pour les vacances …
… oui, Monsieur, j'ai une maison à Canet village …
… les chambres sont confortables?
… merci, Monsieur, je rappelle …

> **préférer**
> je préfère
> tu préfères
> il/elle/on préfère
> nous préférons
> vous préférez
> ils/elles préfèrent

16. Für einen zweiwöchigen Wohnungstausch bieten Sie Ihre Wohnung einer Pariser Mitwohnzentrale an. Rufen Sie die Agentur an. Beantworten Sie die Fragen des Vermittlers und erkundigen Sie sich Ihrerseits nach seinen Angeboten. Spielen Sie zu zweit. A beschreibt seine eigene Wohnung, B bietet eine entsprechende Wohnung an (S. 163).

■ J'appelle pour un échange d'appartement …
● Vous habitez où?/Vous avez combien de pièces? … Et vous, qu'est-ce que vous cherchez?

→ AB 3, 4 (V); 8, 9 (G); 12, 13 (C)

ÉCOUTER

🎧 **17. Hören Sie das Chanson der Compagnie Créole und ergänzen Sie den Text.**

---

son père (2x)   ton père (3x)   sa mère (2x)

ta mère (2x)   ta sœur   tes sœurs

Scandale dans la famille

À Trinidad, tout là-bas aux
    Antilles
À Trinidad, vivait[1] une famille.
Y avait[2] la Mama et le Papa
Et le grand fils aîné[3]
Qui, à quarante ans,
N'était toujours pas marié.
Un jour il trouva, la fille qu'il
    voulait[4]
Et dit[5] à ____ :
«Je voudrais l'épouser[6].»
Hélas mon garçon, hélas tu
    n'peux pas[7]
Car[8] cette fille est ____
Et ____ ne l'sait pas.[9]
Refrain
Oh Papa, quel malheur
Quel grand malheur pour moi
Oh Papa, quel scandale
Si Maman savait ça.[10]

Dix ans après[11], il revint tout
    ému[12]
Et dit à ____ :
«Devine ce que j'ai vu!»[13]

Dans la plantation,
On vient d'embaucher
Plus de cinquante filles
Du village d'à côté.[14]
Hélas mon pauvre enfant
Les Dieux sont contre toi[15]
Toutes ces filles sont ____
Et ____ ne l'sait pas.
Refrain
Oh Papa …

À bout de patience,
Il s'en fut écœuré[16]
Raconter[17] à ____toute la
    vérité.[18]
____ se mit à rire[19]
Et lui dit : «Ne t'en fais pas[20]
____ n'est pas ____
Et ____ ne le sait pas.»
Refrain
Oh Mama, quel bonheur
Quel grand bonheur pour moi
Oh Mama, quel scandale
Si Papa savait ça.

La Compagnie Créole, 1986

---

1 lebte
2 es gab
3 ältester
4 eines Tages fand er das Mädchen, das er wollte
5 und sagte
6 sie heiraten
7 leider kannst du das nicht tun, mein Junge.
8 denn
9 weiß nichts davon
10 Refrain: Oh Papa, welch ein Pech, welch ein großes Pech für mich. Oh Papa, welch ein Skandal, wenn Mama das wüsste.
11 später
12 kam er gerührt wieder
13 rate mal, was ich gesehen habe
14 In der Plantage; wurden mehr als 50 Mädchen aus dem Nachbardorf eingestellt.
15 die Götter sind gegen dich
16 hier: Mit der Geduld am Ende ging er empört …
17 erzählen
18 die ganze Wahrheit
19 fing an zu lachen
20 mache dir keine Sorge

---

18. Was fällt Ihnen beim letzten Refrain des Liedes auf? Vergleichen Sie ihn mit den anderen. Was könnte das Wort *bonheur* bedeuten und warum ist die Rede von einem Skandal in der Familie?

→ AB 11 (C); 14, 15 (AS)

Repères

KOMMUNIKATION

Über sich und seine Familie sprechen

Je suis célibataire.

Je suis marié/e.

Je suis divorcé/e.

Je suis veuf/veuve.

J'ai trente ans.

Voici ma famille: mon mari/
ma femme, mes enfants …

Wünsche äußern, Vorlieben begründen

Qu'est-ce que vous cherchez/vous préférez?

Je cherche une location …

Je voudrais une maison …

Je préfère l'appartement parce qu'il est près
de la plage.

Ein Haus/Eine Wohnung beschreiben

Vous cherchez un appartement pour
combien de personnes?

La maison a combien de pièces?

Et son prix?

La maison est comment?

La maison est grande/petite/moderne/
confortable.

Il y a quatre pièces.

Au rez-de-chaussée, il y a la cuisine,
la salle à manger et le salon.

À l'étage, il y a les chambres, la salle de
bains et les toilettes.

L'appartement a un balcon./La maison
a un jardin.

1. **Was sagen Sie in folgenden Situationen?**

   Sie werden gefragt,

   a. ob Sie verheiratet sind.　**c.** wie viele Zimmer Ihr Haus/Ihre Wohnung hat.

   b. wie alt Sie sind.　　　　**d.** warum Sie Ihre Wohnung/Ihr Haus mögen.

GRAMMATIK

Die Possessivbegleiter

Besitzer　　　Besitz

	mask.	fem.	Plural
je →	mon	ma	mes
tu →	ton	ta	tes
il/elle/on →	son	sa	ses
nous →	notre	notre	nos
vous →	votre	votre	vos
ils/elles →	leur	leur	leurs

Wenn das Nomen mit einem Vokal oder einem stummen h beginnt, wird

immer die maskuline Form verwendet: mon ami – mon amie

Im Gegensatz zum Deutschen spielt es in der 3. Person keine Rolle, ob

der Besitzer männlich oder weiblich ist:

sein Haus: sa maison – **ihr Haus:** sa maison

sein Hund: son chien – **ihr Hund:** son chien

2. **Sie unterhalten sich über Familienfotos. Setzen Sie den richtigen Possessivbegleiter ein.**

1. C'est qui? (Ton – Ta – Tes) mari?
2. Mais non, c'est (mon – ma – mes) frère!
3. Et là, c'est (ton – ta – tes) mère?
4. Non, c'est Anne, (mon – ma – mes) sœur. Là, c'est Nicolas, (mon – ma – mes) mari et (son – sa – ses) frère.
5. Et (votre – vos) enfants? Où sont-ils?
6. Là, c'est (notre – nos) fils François avec (son – sa – ses) petit chien, et voilà (notre – nos) fille Isabelle avec (son – sa – ses) chat.

Die Angleichung des Adjektivs

Adjektive werden an das zugehörige Nomen angeglichen. Die meisten Adjektive bilden die feminine Form durch ein Hinzufügen von **-e**. Adjektive, deren maskuline Form auf **-e** endet, haben keine eigene feminine Form.

Singular		Plural	
mask.	fem.	mask.	fem.
petit	petite	petits	petites
allemand	allemande	allemands	allemandes
pratique		pratiques	

Le jardin est petit. – La salle de bains est petite.
Peter et Bernd sont allemands. – Daniela et Petra sont allemandes.
L'appartement est pratique. – La maison est pratique.

⚠ **Das stumme -e in der weiblichen Form des Adjektivs bewirkt, dass der letzte Konsonant ausgesprochen wird.**

Aus petit [pəti] **wird petite** [pətit].   **Aus allemand** [almã] **wird allemande** [almãd].

---

3. **Ergänzen Sie die richtige Form des Adjektivs.**

1. Ma cuisine est pratique, mon appartement aussi est …
2. Son salon est grand, sa salle à manger aussi est …
3. Pierre est célibataire, Paul et Roland aussi sont …
4. Marie est divorcée, Olivier aussi est …
5. Son frère est petit, ses parents aussi sont …

AUSSPRACHE

Der Laut [ɛ]
Die Buchstaben **ê** und **è** entsprechen dem Laut [ɛ]. Allerdings werden auch die Buchstabenkombinationen **ei** und **ai** oft [ɛ] ausgesprochen.

🎧 4. **Schauen Sie sich folgende Wörter an und listen Sie auf, welche Buchstaben oder Buchstabenkombinationen dem Laut [ɛ] entsprechen.**

chez – c'est – vous êtes – tu es – mais – seize – j'ai – bière – pêche – près – Olivier – s'il vous plaît – café – sept – internet – discuter

À LA ROCHELLE

Sie lernen, sich in einer Stadt zu orientieren. Der Imperativ, die Orts-präpositionen, die zusammen-gezogenen Artikel, prendre, faire und aller werden vorgestellt.

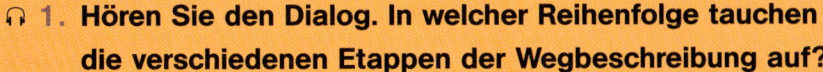

Vous êtes ici.

🎧 **1. Hören Sie den Dialog. In welcher Reihenfolge tauchen die verschiedenen Etappen der Wegbeschreibung auf?**

a. Tournez à droite. ⌐ c. Traversez le pont.

b. Prenez à gauche.  d. Allez tout droit.

2. Sie befinden sich vor dem *office de tourisme*. Erklären Sie Ihrem Nachbarn / Ihrer Nachbarin anhand des Plans, wie man zurück zum Ausgangspunkt *vous êtes ici* kommt.

Prenez à gauche, puis ____ et ____. Ensuite ____

• Informationen erfragen
• Den Weg beschreiben
• Eine Stadt beschreiben

Pardon, Madame …

ÉCOUTER

prendre
je prends
tu prends
il / elle / on prend
nous prenons
vous prenez
ils / elles prennent

🎧 **1. Hören Sie den Dialog. Verfolgen Sie die Wegbeschreibung vom** *office de tourisme* **(1) zum Bahnhof (2). Was wird gesagt? Kreuzen Sie an.**

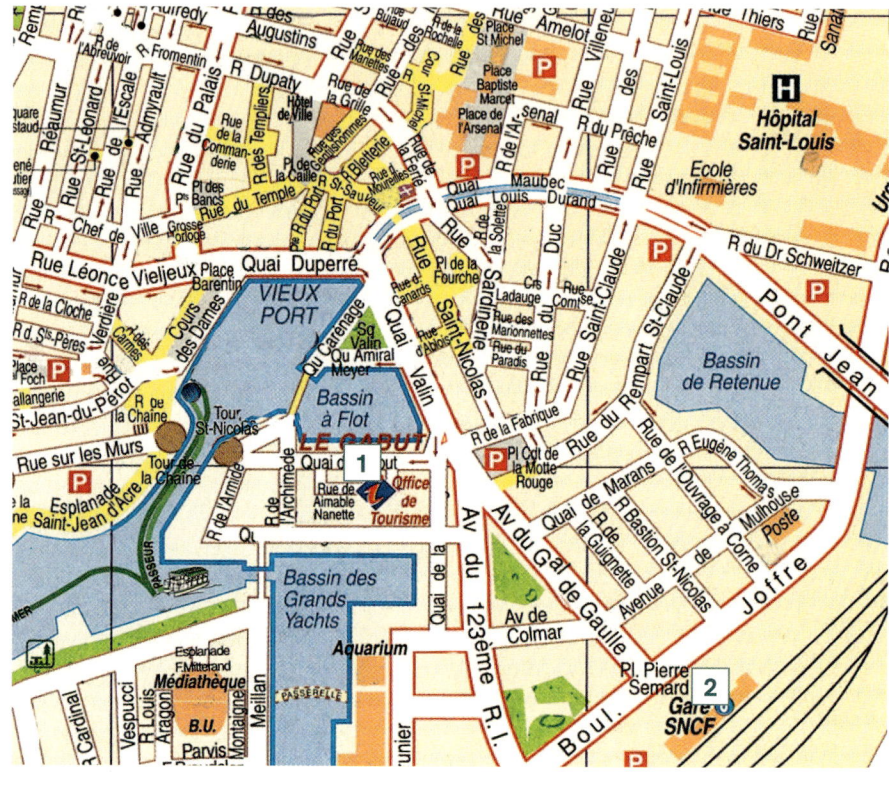

1. Vous prenez à droite
   - ☐ a. devant l'office de tourisme.
   - ☐ b. derrière l'office de tourisme.
   - ☐ c. Après le feu, il y a l'office de tourisme.

2. Traversez et prenez
   - ☐ a. l'avenue à droite.
   - ☐ b. la deuxième rue à droite.
   - ☐ c. la première rue à droite.

3. Continuez tout droit …, la gare est
   - ☐ a. en face.
   - ☐ b. à droite.
   - ☐ c. avant le rond-point.

Allez, tournez, traversez, prenez sind Formen des Imperativs. Den Imperativ kann man benutzen, um Anweisungen zu geben. Höflicher ist es jedoch, die Formen vous allez, vous tournez, … zu benutzen.

le premier feu,
la première rue,
le / la deuxième,
le / la troisième,
le / la quatrième,
le / la neuvième, etc.

🎧 **2. Hören Sie den Dialog noch einmal und ergänzen Sie ihn.**
Devant l'office de tourisme

- ● Pardon, Madame! Pour aller à la gare, s'il vous plaît?
- ■ Alors, vous prenez à droite ___ . Là, il y a ___ . Traversez et prenez la deuxième rue à droite. Continuez tout droit ___ du Général de Gaulle, la gare est en face, ___ .
- ● Euh … Vous pouvez répéter, s'il vous plaît?
- ■ Bien sûr, donc vous …

→ AB 14 (C)

DÉCOUVRIR

🎧 **3.** **Lesen Sie den Text und beschreiben Sie La Rochelle.**

La Rochelle est une ville d'histoire. Des milliers de touristes font le voyage pour visiter son Vieux Port, sa cathédrale, ses églises, ses musées et ses monuments. L'architecture de l'hôtel de ville est intéressante. Son port de pêche, son port de plaisance et sa plage forment un ensemble unique en France. La ville est agréable et dynamique. Elle n'est pas très grande, mais elle a les avantages d'une ville culturelle et universitaire au bord de la mer.

Qu'est-ce que vous faites à La Rochelle?

On fait des promenades, on va à la plage ...

On fait aussi la fête.

- À La Rochelle, il y a .../on fait ...
- La Rochelle est ...

🎧 **4.** **Hören Sie die Dialoge. Wie spricht die Touristin die Passanten an?**

🎧 **5.** **Hören Sie noch einmal und ordnen Sie zu.**
   a. Sie sprechen jemanden auf der Straße an.
   b. Sie haben Schwierigkeiten, etwas zu verstehen.
   c. Sie bieten Ihre Hilfe an.
   d. Sie sagen, dass Sie gerne geholfen haben.
   e. Sie wissen etwas nicht.
   f. Sie sagen, dass auch Sie nicht ortskundig sind.
   g. Etwas tut Ihnen Leid.

faire
je fais
tu fais
il/elle/on fait
nous faisons
vous faites
ils/elles font

1. Pardon?
2. Désolé/e.
3. Pardon, Madame, .../ Excusez-moi, Monsieur, ...
4. Je ne comprends pas.
5. Je peux vous aider?
6. Je vous en prie.
7. Je ne sais pas.
8. Je ne suis pas d'ici.

PARLER

6. **Wählen Sie aus dem Stadtplan von La Rochelle auf Seite 164 einen der Plätze aus und fragen Sie Ihren Nachbarn / Ihre Nachbarin nach dem Weg. Ausgangspunkt ist das Fremdenverkehrsbüro (1).**

Pardon, Madame, où est l'hôtel de ville? ...
Je cherche la gare ...
Pour aller à ...

→ AB 1 (V); 6 (G); 11, 12 (C)

- Ortsangaben machen

À côté du parc

de + l' = de l'
de + la = de la
de + le = du
de + les = des

7. Lesen Sie den Text. Finden Sie heraus, welche Gebäude sich hinter den Nummern verbergen.

À droite de l'hôtel de ville, vous avez un parc. À côté du parc, il y a l'office de tourisme.

À gauche des halles, vous avez la gare. En face de la gare, il y a la poste. Entre la poste et le musée, il y a le théâtre.

Mais où est la cathédrale?

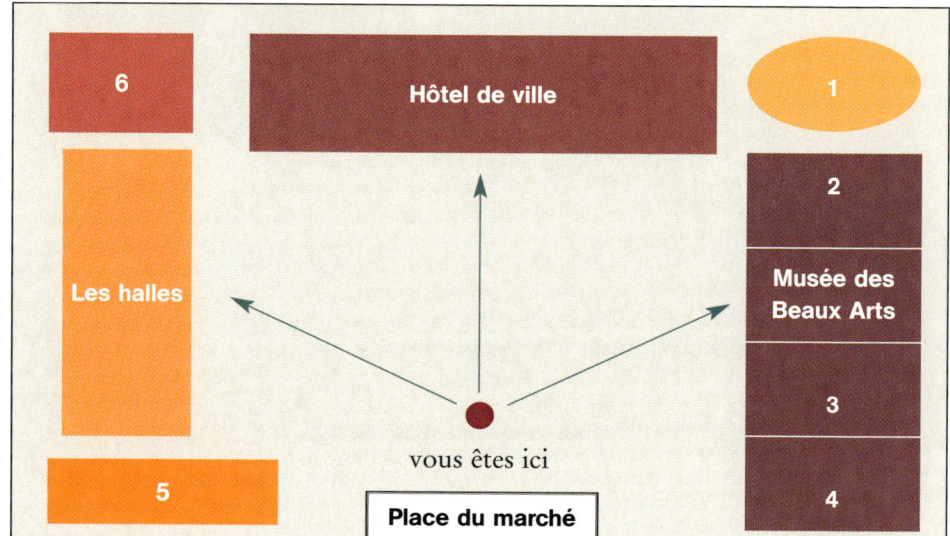

8. Ergänzen Sie den Text mit *de l', du, de la, des*.

À La Rochelle, la cathédrale est en face ___ place de Verdun.
Le musée Grévin est à côté ___ Vieux Port. À côté ___ remparts,
il y a un parc avec un parking. En face ___ aquarium, vous avez
le musée maritime. Le port de plaisance est loin ___ centre.

à + l' = ...
à + la = ...
à + le = ...
à + les = ...

jusqu'à = bis zu
jusqu'à la place du marché

9. Versuchen Sie, mithilfe des Dialogs die Regel für die Präposition *à* zu finden und vergleichen Sie sie mit der Regel für *de*.

- Madame, s'il vous plaît! Pour aller au salon nautique ...?
- Allez jusqu'à la rue de Roux, puis tournez à droite. Allez tout droit jusqu'au quatrième rond-point. Aux feux, tournez à droite: vous êtes à l'entrée du port de plaisance. Le salon nautique est là.
- Alors, à droite, quatre ronds-points et encore à droite, c'est ça?
- Oui, c'est bien ça.

→ AB 8, 9 (G)

S'ENTRAÎNER

10. **Bilden Sie Sätze. Achten Sie auf die zusammengezogenen Artikel.**

1. La poste est …	à côté (de)	… la place du marché.	**aller**
2. La gare? C'est …	à gauche (de)	… l'office de tourisme.	**je vais**
3. Vous allez …	en face (de)	… le musée.	**tu vas**
4. Tournez …	jusqu'à	… il y a l'hôtel de ville.	**il / elle / on va**
5. Prenez la rue …	près (de)	Et c'est là.	**nous allons**
6. Là, il y a un musée et …	loin (de)		**vous allez**
			ils / elles vont

Prenez la rue en face du musée.

11. **Spielen Sie zu zweit. Vergleichen Sie die Zeichnungen. A schaut sich diese Zeichnung an, B die auf S. 165. Finden Sie sechs Unterschiede.**

- À droite, il y a la cathédrale.
- Non, la cathédrale est à gauche.

- En face de l'hôtel de ville, il y a la poste.
- Non, la poste est à côté de l'hôtel de ville.

PARLER

12. **Fragen Sie sich gegenseitig nach dem Weg zu verschiedenen Orten Ihrer Stadt. Ausgangspunkt ist der Kursort.**

- Pour aller à la gare, s'il vous plaît?
- Prenez à droite la rue «Hauptstraße». À gauche, il y a la poste …

→ AB 2, 5 (V);
7, 10 (G); 13 (C)

→ AB 3, 4 (V); 15, 16 (AS)

LIRE

⌒13. In dieser *unité* haben Sie La Rochelle näher kennen gelernt. Lesen Sie den Text und geben Sie sich gegenseitig Ratschläge.

FRANCO FOLIES la Rochelle
INFO 12 au 17 juillet francofolies de la Rochelle

Les Francofolies [www.francofolies.fr]:
Bei dieser kulturellen Veranstaltung handelt es sich um das größte Festival des französischen und frankophonen Chansons. Es findet jeden Juli in La Rochelle statt. Unter dem Motto «*6 jours – 6 nuits – 6 lieux*» wird einem recht gemischten Publikum ein repräsentativer Querschnitt durch das zeitgenössische Chanson geboten.

La Rochelle: loisirs

À La Rochelle, il y a des activités pour tous les goûts. Vous aimez la musique? Alors, allez aux Francofolies! Vous préférez la peinture?

Visitez le musée des Beaux Arts! Vous aimez les promenades en ville? Allez dans les rues piétonnes du centre! Pour les amateurs de nature, il y a surtout la côte et la mer! Et pour les gourmets, il y a des fruits de mer. Enfin pour tout renseignement, vous avez un office de tourisme, place de la Petite Sirène, à côté du Vieux Port.

La Rochelle *Musées*

AQUARIUM
Bassin des Grands Yachts,
BP 4, 17002 La Rochelle Cedex 1
Tél : 05 46 34 00 00 - Fax 05 46 45 35 71

MUSÉE DES MODÈLES RÉDUITS
Rue de la Désirée, Ville-en-Bois, Tél. 05 46 41 64 51
À côté du Musée des Automates

MUSÉE GRÉVIN DE LA ROCHELLE
38, Cours des Dames,
Tél. 05 46 41 08 71.
Filiale du célèbre Musée Grévin de Paris, il vous raconte en 15 scènes la fabuleuse histoire de La Rochelle.
Horaires et **Tarifs** : non communiqués.

● Moi, j'aime les poissons!

■ Allez à l'aquarium.
▲ Visitez l'aquarium.

JOUER

14. Sammeln Sie Sehenswürdigkeiten, die Ihre Stadt zu bieten hat. Empfehlen Sie französischen Gästen, was sie besichtigen können.

Repères

KOMMUNIKATION

Nach dem Weg fragen und Richtungsangaben machen

Pardon, Monsieur, où est la gare?/Pardon, Madame, la gare, s'il vous plaît?

Pardon, Mademoiselle, pour aller à l'hôtel de ville, s'il vous plaît?

Excusez-moi, Monsieur, je cherche une pharmacie.

Prenez/Tournez à droite/à gauche./Vous prenez/Vous tournez ...

Allez/Continuez tout droit./Vous traversez le pont.

Prenez la première/deuxième rue à droite/à gauche./Vous prenez ...

L'office de tourisme est devant/à côté de la gare./Il y a une pharmacie après le feu.

Nachfragen und das Verständnis sichern

Je ne comprends pas.

Vous pouvez répéter, s'il vous plaît?

Je ne sais pas.

Hilfe anbieten und auf Dank reagieren

Je peux vous aider?

Je vous en prie./De rien.

Bedauern, nicht helfen zu können

Désolé/e.

Je ne suis pas d'ici.

---

1. **Stellen Sie den Dialog wieder her.**
   - ■ A fragt nach dem Marktplatz.
   - ● B antwortet, dass der Marktplatz vor der Kathedrale ist. Man muss durch den Park gehen und dann die erste Straße rechts nehmen.
   - ■ A bedankt sich.
   - ● B reagiert auf den Dank.
   - ● B tut es Leid, weil er/sie es nicht weiß.

GRAMMATIK

Die Konjugation der Verben aller, faire und prendre

aller	faire	prendre*
je vais	je fais	je prends
tu vas	tu fais	tu prends
il/elle/on va	il/elle/on fait	il/elle/on prend
nous allons	nous faisons	nous prenons
vous allez	vous faites	vous prenez
ils/elles vont	ils/elles font	ils/elles prennent

* Verben, die sich aus prendre – wie z. B. comprendre – zusammensetzen, werden ebenso konjugiert.

Die Ordnungszahlen

Die Ordnungszahlen werden gebildet, indem man an die Grundzahlen

die Endung -ième **anhängt:** deuxième, troisième

Ausnahme: premier / première

Endet die Grundzahl auf -e, fällt dieses bei der Ordnungszahl weg: onze, onzième

Le premier pont / La quatrième maison

Der Imperativ

Sie verwenden den Imperativ, wenn Sie jemanden auf-fordern wollen, etwas zu tun.

Der Imperativ wird wie die 2. Person Plural aber ohne Pronomen gebildet.

Allez à droite. / Prenez la rue à gauche.

Die Ortspräpositionen

à – devant – derrière – en face de – entre – à côté de – près de – à gauche de – à droite de – avant – après – jusqu'à

⚠ **Die letzten drei Präpositionen werden auch bei Zeit-angaben verwendet.**

Der zusammengezogene Artikel

Bei der Kombination vom bestimmten Artikel und den Präpositionen de und à gelten folgende Regeln: le und les werden mit diesen beiden Präpositionen in einem Wort zusammengezogen.

de + l' = de l'	à + l' = à l'	J'habite près du parc.
de + la = de la	à + la = à la	Allez jusqu'au feu.
de + le = du	à + le = au	
de + les = des	à + les = aux	

---

2. **Setzen Sie den richtigen zusammengezogenen Artikel ein.**

● Pour aller ___ poste?

■ C'est très simple. Allez jusqu' ___ rond-point. Traversez la rue des Carmes. ___ feu, prenez la première rue à droite. La poste est à côté ___ musée.

● Le Café Voltaire, s'il vous plaît?

▲ Prenez l'avenue Victor Hugo et allez jusqu' ___ halles. En face ___ halles, il y a une place. Traversez la place et à droite ___ l'hôtel de ville, vous avez le Café Voltaire.

Sie lernen Verkehrsmittel, Zeitangaben, die Zahlen ab 70, *pouvoir*, *devoir* **und** *vouloir* kennen.
Verschiedene Frageformen werden vorgestellt und Sie lernen, sich auf einer Reise sprachlich zurechtzufinden.

EN VOYAGE

le train

l'avion

voiture

le bus

le vélo

le métro

🎧 **1.** **Écoutez les scènes. Mettez les moyens de transport dans l'ordre.**

2. **Posez des questions et répondez.**

- Comment voyagez-vous / allez-vous au travail ...?
- En général, je voyage en voiture.
- En général, je vais au travail à pied.

A pied
On foot

• **Sich über Reisever-
bindungen informieren**

Vous allez où?

 ÉCOUTER

🎧 **1.** **Wie fragt man auf Französisch, um folgende Informationen zu
erhalten: Abfahrtzeit / Fahrpreis / Direktverbindung / Reservierung /
Zahlung mit Kreditkarte?**

Au guichet de la gare

pouvoir

je peux
tu peux
il / elle / on peut
nous pouvons
vous pouvez
ils / elles peuvent

devoir

je dois
tu dois
il / elle / on doit
nous devons
vous devez
ils / elles doivent

- ● Le prochain train pour Karlsruhe est à quelle heure, s.v.p.?
- ■ Un instant, s'il vous plaît ... vous pouvez prendre le train
  de 10 heures 50.
- ● Est-ce qu'il est direct?
- ■ Non, vous devez changer à Strasbourg. La correspondance est
  à 14 heures 55. Vous arrivez à Karlsruhe à 15 heures 52.
- ● Très bien! Je voudrais un billet. Je peux réserver?
- ■ Non, Madame, c'est trop tard.
- ● Bon, alors un billet de deuxième classe, s'il vous plaît.
- ■ Aller simple ou aller retour?
- ● Un aller simple. Ça fait combien?
- ■ Soixante-cinq euros quatre-vingts.
- ● Est-ce qu'il y a une voiture-restaurant?
- ■ Non, mais il y a un bar
  dans le premier train.
- ● Très bien. Vous acceptez
  les cartes bancaires?
- ■ Bien sûr Madame!
- ● Voilà!
- ■ Merci ... Bon voyage!

2. **Jouez la scène.**

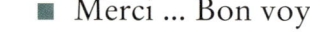

INFO

In Frankreich müssen
alle Fahrkarten, nicht
nur die der *SNCF,* vor
der Abfahrt entwertet
werden.

allô ≠ salut
⚠ **Allô** wird nur am
Telefon benutzt.

 S'ENTRAÎNER

---

3. **Complétez la conversation téléphonique.**

prendre devoir être (2x) pouvoir (2x)

- ● Allô Monique, c'___ François!
- ■ Bonjour, François, mais tu ___ où?
- ● Dans le train. Il ___ arriver à Aix à 19h58. Tu ___ être là?
- ■ Oui, mais je ___ seulement être là à 20h30.
- ● Bon! Alors écoute, pas de problème, je ___ le bus.

→ AB 10, 11 (C)

4. Vous êtes à Paris. Regardez l'horaire des trains Paris – Munich et répondez aux questions.

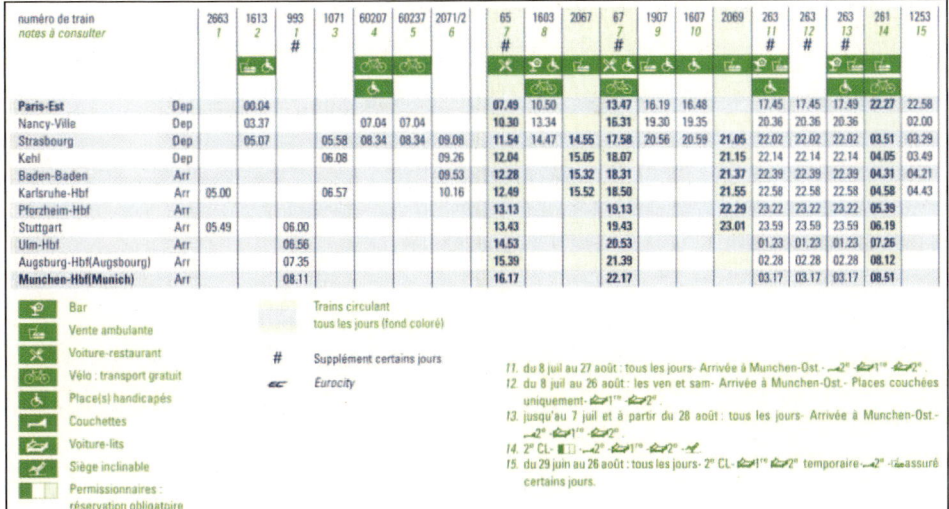

numéro de train / notes à consulter		2663 / 1	1613 / 2	993 / 1 / #	1071 / 3	60207 / 4	60237 / 5	2071/2 / 6	65 / 7 / #	1603 / 8	2067	67 / 7 / #	1907 / 9	1607 / 10	2069	263 / 11 / #	263 / 12 / #	263 / 13	261 / 14	1253 / 15
Paris-Est	Dep	00.04							07.49	10.50		13.47	16.19	16.48		17.45	17.45	17.49	22.27	22.58
Nancy-Ville	Dep		03.37			07.04	07.04		10.30	13.34		16.31	19.30	19.35		20.36	20.36	20.36		02.00
Strasbourg	Dep			05.07					11.54	14.47	14.55	17.58	20.56	20.59	21.05	22.02	22.02	22.02	03.51	03.29
Kehl	Dep				06.08			09.26	12.04		15.05	18.07			21.15	22.14	22.14	22.14	04.05	03.49
Baden-Baden	Arr							09.53	12.28	15.32		18.31			21.37	22.39	22.39	22.39	04.31	04.21
Karlsruhe-Hbf	Arr	05.00			06.57			10.16	12.49	15.52		18.50			21.55	22.58	22.58	22.58	04.58	04.43
Pforzheim-Hbf	Arr								13.13			19.13			22.29	23.22	23.22	23.22	05.39	
Stuttgart	Arr	05.49		06.00					13.43			19.43			23.01	23.59	23.59	23.59	06.19	
Ulm-Hbf	Arr			06.56					14.53			20.53				01.23	01.23	01.23	07.26	
Augsburg-Hbf(Augsbourg)	Arr			07.35					15.39			21.39				02.28	02.28	02.28	08.12	
München-Hbf(Munich)	Arr			08.11					16.17			22.17				03.17	03.17	03.17	08.51	

Bar
Vente ambulante
Voiture-restaurant
Vélo : transport gratuit
Place(s) handicapés
Couchettes
Voiture-lits
Siège inclinable
Permissionnaires : réservation obligatoire

Trains circulant tous les jours (fond coloré)

\# Supplément certains jours
Eurocity

11. du 8 juil au 27 août : tous les jours- Arrivée à Munich-Ost.
12. du 8 juil au 26 août : les ven et sam- Arrivée à Munich-Ost.- Places couchées uniquement-
13. jusqu'au 7 juil et à partir du 28 août : tous les jours- Arrivée à Munich-Ost.-
14. 2° CL-
15. du 29 juin au 26 août : tous les jours- 2° CL- temporaire- réassuré certains jours.

> ■ Vous allez à Pforzheim et vous voulez prendre votre vélo avec vous. Quels trains est-ce que vous pouvez prendre?
>
> ● Le train de 13 heures 47 ou le train de 22 heures 27.

1. Il est 8 heures. Quel est le prochain train pour Nancy?
2. Quels trains avec voiture-restaurant vont à Stuttgart?
3. Vous voulez aller à Strasbourg avec une personne handicapée. Quels trains pouvez-vous prendre?
4. Vous devez être à Munich à 9 heures. Quel train avec couchettes prenez-vous?
5. Quels trains pour Strasbourg ont un bar?

> **Das Verb vouloir wird wie das Verb pouvoir konjugiert: je veux, tu veux …**

> **Das Fragewort quel wird angeglichen: Quel est votre nom? / Quelle est votre adresse? oder Quels trains? / Quelles villes …?**

> Alors, comment est-ce qu'on pose des questions en français?

5. Écoutez et notez les heures de départ des trains.

| Strasbourg | Munich | Karlsruhe | Nancy | Stuttgart |

Le train pour … est à …

PARLER

> **Vous prenez le train de 10 heures? = Intonationsfrage**
> **Est-ce que vous prenez le train de 10 heures? = Frage mit est-ce que**
> **Prenez-vous le train de 10 heures? = Inversionsfrage**

6. Préparez des questions et jouez une miniscène au guichet.

 ?  ?  ?  ? 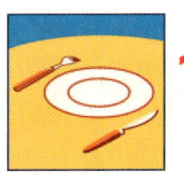 ?

→ AB 1 (V); 5, 6, 7 (G)

Das Verb **manger** wird wie die anderen Verben auf **-er** konjugiert. Nur bei der ersten Person Plural wird wegen der Aussprache nach dem **g** ein **e** hinzugefügt.
⚠ **nous mangeons.**

À l'aéroport

ÉCOUTER

🎧 **7. Écoutez les scènes. Vrai ou faux? Corrigez si nécessaire.**

	vrai	faux
Au comptoir Air France		
– Les personnes ont trois valises comme bagages.	☐	☐
– Elles ont une place côté fenêtre.	☐	☐
Au bar		
– La dame mange un sandwich au jambon.	☐	☐
– Le monsieur prend un Perrier.	☐	☐
Au magasin duty free		
– Le monsieur paie 20 euros 80.	☐	☐
– Il paie avec sa carte d'embarquement.	☐	☐

PARLER

8. Complétez le réseau avec le vocabulaire du voyage.

voyager · en avion · en train · l'aéroport · la compagnie aérienne

TIPP

Fast alle Ländernamen, die mit **-e** enden, sind weiblich:
la France, l'Allemagne.
Die meisten anderen sind männlich:
le Canada, le Japon, ...
⚠ **les États-Unis**

→ AB 8, 9 (G)

9. Quelles compagnies peut-on prendre pour aller dans les pays suivants?

Pour aller ... en Allemagne/Angleterre/Autriche/Espagne/ France/Grèce/Suisse
au Canada/Japon/Maroc
aux États-Unis

on peut prendre
un vol ... Air France/Iberia/Olympic Airways/Air Canada/ Swiss/American Airlines/Lufthansa/Japan Air Lines/ Royal Air Maroc/Austrian Airlines/British Airways

DÉCOUVRIR

10. **Complétez les additions: ajoutez les nombres de 70 à 99.**

> soixante-treize   quatre-vingt-onze   quatre-vingt-dix-neuf
> ~~soixante-dix~~   quatre-vingt-dix   soixante-dix-sept   soixante et onze

60 + 10 = 70 soixante-dix
60 + 11 = ___ ___
60 + 13 = ___ ___
60 + 17 = ___ ___
80 quatre-vingts
81 quatre-vingt-un
82 quatre-vingt-deux
87 quatre-vingt-sept
80 + 10 = ___ ___
80 + 11 = ___ ___
80 + 19 = ___ ___

100 cent
101 cent un
120 cent vingt
200 deux cents
240 deux cent quarante
300 trois cents
1.000 mille
2.134 deux mille cent trente-quatre
400.000 quatre cent mille
1.000.000 un million

> **Wenn auf quatre-vingts und x cents eine weitere Zahl folgt, entfällt das Plural-s. Mille ist unveränderlich.**
> ⚠ **Bei 81 und 91 wird zwischen Einer und Zehner kein et hinzugefügt.**

LE PORTABLE
DANGEREUX
POUR LE CERVEAU

S'ENTRAÎNER

11. **Quelqu'un écrit un nombre à deux chiffres au tableau. Inversez d'après le modèle.**
45 – 54; 76 – 67...

🎧**12.** **Écoutez et notez les numéros de téléphone.**

13. **Donnez votre numéro de téléphone et jouez des minidialogues au téléphone.**
- J'appelle le 31-45-55-82.
- Allô? ...

Télécarte 120
Télécarte 50
Télécarte 50

INFO

In Frankreich werden die Telefonnummern in Zweier-Blöcken genannt:
01.45.78.95.64
Die ersten beiden Ziffern stehen für die Regionalzonen und müssen innerhalb Frankreichs mitgewählt werden:
– 01 Zone Paris und Ile-de-France
– 02 Zone Nord-West
– 03 Zone Nord-Ost
– 04 Zonen Süd-Ost / Korsika
– 05 Zone Süd-West.
Mit 06 beginnen die Nummern der Mobiltelefone.
Die Vorwahl von Frankreich lautet 0033.

→ AB 2, 3, 4 (V)

	JOUER

14. Regardez la carte. Jouez d'après le modèle.

Le Jet Café

Carte

BOISSONS

bières	3
vin rouge/blanc	3,60
vin rosé	3,50
apéritifs: pastis, kir, porto	5
cocktails	7,50
jus de tomate	2,50
jus d'orange	2,50
jus de pomme	2,50
Coca, Perrier	2,80
eau minérale	2

café	1,00
expresso	1,20
chocolat	2,00
thé	2,00

SNACKS

pizza	4,50
quiche	4,50
croque-monsieur	4,00
croque-madame	4,30
sandwichs: jambon/fromage	3,80
frites	2,40

■ Un sandwich au jambon, c'est combien?

● C'est 3 euros 80.

15. Jouez en groupes. Vous êtes au snack-bar de l'aéroport.
Une personne joue le serveur et les autres jouent les clients.

a. Vous commandez des boissons et des snacks.

> On mange quelque chose?
> Je prends .../ Moi, je voudrais ...
> Bonjour, qu'est-ce que vous prenez?

INFO

In Frankreich ist es nicht üblich, getrennt zu bezahlen. Entweder zahlt eine Person, die dann bei der nächsten Gelegenheit eingeladen wird, oder die Rechnung wird einfach geteilt. Beim Zahlen lässt man zunächst die Bedienung herausgeben. Das Trinkgeld hinterlässt man beim Hinausgehen auf dem Tisch.

b. Vous discutez avec votre voisin/voisine.

> Vous allez où? Avec quelle compagnie?
> C'est pour les vacances ou pour le travail?
> Qu'est-ce que vous faites dans la vie?

c. Vous demandez l'addition.

> L'addition, s'il vous plaît!
> Ça fait combien?
> Oui, alors ça fait ...

→ AB 12, 13 (C); 14, 15 (AS)

Repères

KOMMUNIKATION

Auskünfte erfragen

Le train pour Paris est à quelle heure?/Quel est le prochain train pour Paris?

(Est-ce qu') il est direct?

(Est-ce que) je peux réserver?

(Est-ce qu') il y a un bar?

Pardon, ce train va bien à Aix?

Vous acceptez les cartes bancaires?

Ça fait combien?

Sagen, welche Verkehrsmittel man benutzt

Je vais au travail
à pied/en bus/
en voiture/en métro ...

Etwas bestellen

Je voudrais/prends une bière.

Vous avez des sandwichs?

Un sandwich au jambon, s.v.p.

1. **Was sagen Sie in folgenden Situationen?**

   a. **Sie möchten wissen, wann der nächste Zug nach München fährt.**

   b. **Sie fragen, ob dieser Zug nach Straßburg fährt.**

   c. **Sie fragen, ob es einen Speisewagen gibt.**

   d. **Sie fragen nach dem Preis.**

   e. **Sie möchten mit Kreditkarte bezahlen.**

   f. **Sie möchten ein Sandwich mit Schinken und einen Orangensaft bestellen.**

GRAMMATIK

Unregelmäßige Verben

Die Konjugation der Modalverben pouvoir, vouloir und devoir

je peux	je veux	je dois
tu peux	tu veux	tu dois
il/elle/on peut	il/elle/on veut	il/elle/on doit
nous pouvons	nous voulons	nous devons
vous pouvez	vous voulez	vous devez
ils/elles peuvent	ils/elles veulent	ils/elles doivent

2. **Setzen Sie die richtige Form der Verben *pouvoir*, *vouloir* und *devoir* ein.**

   1. ● On va au cinéma demain? ■ Désolé, je ne ___ pas, j'ai trop de travail.
   2. Tu ___ être à La Rochelle à 15 heures? Alors, on ___ prendre le train de 10h20.
   3. Vous ___ aller à Paris? Je ___ réserver des chambres d'hôtel, si vous ___.
   4. Pour Lille, je ___ changer?

Die Konjugation der Verben auf -ger des Typs manger, voyager, changer

In der 1. Person Plural wird wegen der Aussprache zwischen dem Stamm des Verbs und der Endung ein -e eingefügt.

manger

je mange	nous mangeons
tu manges	vous mangez
il/elle/on mange	ils/elles mangent

Der Fragesatz

In der gesprochenen Sprache gibt es drei Möglichkeiten, eine Frage zu bilden.

1. **Die Intonationsfrage, bei der die Satzstellung des Aussagesatzes bestehen bleibt:**
Vous pouvez prendre le train de 18 heures?

2. **Die Frage mit est-ce que, bei der das Signalwort est-ce que vor das Subjekt gestellt wird:** Est-ce que vous pouvez prendre le train de 18 heures?

3. **Die Inversionsfrage, bei der das Subjektpronomen dem Verb nachgestellt und mit ihm durch einen Bindestrich verbunden wird:** Pouvez-vous prendre le train de 18 heures?

Die Inversionsfrage wird hauptsächlich in formelhaften Wendungen (z. B. Comment allez-vous? / Pouvez-vous ...?**) oder kurzen Fragen verwendet.**

Die Intonationsfrage ist in der geschriebenen Sprache weniger üblich.

Die Fragewörter quel / quelle / quels / quelles

Das Fragewort quel richtet sich nach seinem Bezugswort.

Quel est votre nom?

Quelle est votre adresse?

Quels trains vont à Paris?

Quelles villes préférez-vous?

Die Präpositionen vor den Ländernamen

Je nach Geschlecht des Landes werden verschiedene Präpositionen benutzt.

fem. = en France, en Allemagne

mask. = au Canada, au Maroc

Pl. = aux États-Unis

AUSSPRACHE

Die Laute [ʃ] und [ʒ]

Der Laut [ʃ] = ch: chez, chat, guichet, couchette

Der Laut [ʒ] = j und g vor -e und -i: bonjour, jambon, voyage, Gitanes

⚠ **Wenn der Buchstabe g vor -a / -o / -u steht, dann wird er wie im Deutschen [g] ausgesprochen. Aus diesem Grund wird bei nous mangeons und allen Verben auf -ger in der ersten Person Plural zwischen Stamm und Endung ein -e eingefügt.**

🎧 **3. Kreuzen Sie an, welchen Laut Sie bei folgenden Wörtern hören.**

[ʃ]	[ʒ]
1.	
...	

LERNTIPPS

Wählen Sie von Zeit zu Zeit eine Gesprächssituation aus, die im Kurs schon behandelt wurde, z. B. im Café, am Bahnhof oder am Flughafen. Notieren Sie alle Redemittel und Wörter, die Ihnen zu der Situation einfallen, und schreiben Sie einen kurzen Dialog. Denken Sie auch daran, Ihre Karteikarten zu ergänzen.

À L'HÔTEL

Sie lernen den notwendigen Wortschatz für eine Hotel-reservierung. Sie lernen ein Datum anzugeben. Das Alphabet und weitere Adjektive werden Ihnen vorgestellt.

IBIS

Ibis Grenoble-centre
5, rue Miribel • 38000 Grenoble
Tél.: 04 76 47 48 49 • Fax: 04 76 47 78 22
http: //www.ibishotel.com

71 chambres de 59 € à 73 €

- centre ville
- ouvert jour et nuit
- restaurant
- piscine
- jardin
- TV, Canal+ et satellite
- chambre non-fumeur
- minibar
- prise modem internet

HÔTEL DES 3 ÎLES

1, rue des Vergers · 25220 Chalezeule
Tél.: 03 81 61 00 66 · Fax: 03 81 61 73 09
Hotel.3iles@wanadoo.fr
http://www.hoteldes3iles.com

17 chambres de 42 € à 68 €

1. **Qu'est-ce qu'il y a comme confort dans les hôtels ci-dessus?**

Dans l'hôtel Ibis, il y a la télévision satellite.

2. **Vous cherchez un hôtel. Quels sont vos critères? Discutez.**

- Pour moi, un hôtel doit avoir une piscine / doit être calme.
- Non, la piscine ce n'est pas important. Un hôtel doit être au centre ville / propre / pratique.

À la réception

ÉCOUTER

🎧 **1. Écoutez et cochez la bonne réponse.**

1. Monsieur Schneider
   - a. a réservé par téléphone.
   - b. n'a pas réservé.
2. Il voudrait une chambre double avec
   - a. un grand lit.
   - b. deux lits.
3. Dans la chambre, il y a
   - a. un minibar.
   - b. une prise internet.
4. La chambre coûte 70 euros
   - a. petit-déjeuner compris.
   - b. petit-déjeuner non compris.
5. La chambre est
   - a. bruyante.
   - b. calme.
6. Monsieur Schneider paie
   - a. en liquide.
   - b. par carte bancaire.
7. La chambre des Schneider est
   - a. en face de l'escalier.
   - b. en face de l'ascenseur.

INFO

In Frankreich müssen die Hotelpreise vor dem Hotel, an der Rezeption und in den Zimmern aushängen. Die Preise verstehen sich in der Regel als Zimmerpreise unabhängig von der Personenzahl. Meistens ist das Frühstück nicht im Preis mit inbegriffen.

→ AB 8 (C)

S'ENTRAÎNER

---

2. Complétez le dialogue, puis jouez la scène.

- ■ Bonjour, Madame. Vous avez réservé?
- ● Non, vous avez encore une chambre libre pour une nuit?
- ■ Vous voulez une chambre simple ou double?　● …
- ■ Oui, Madame, nous avons une chambre très calme au troisième étage.　● …
- ■ 90 euros la nuit et 7 euros 50 le petit-déjeuner.　● …
- ■ À quel nom?　● …
- ■ Voici votre clé. C'est la chambre 17, à gauche en haut de l'escalier.　● …
- ■ Bon séjour, Madame.

🎧 **3. Écoutez et répétez les lettres de l'alphabet. Quelles sont les différences avec l'allemand?**

A [a] B [be]   C [se] D [de] E [ə] F [ɛf] G [ʒe]
H [aʃ] I [i]   J [ʒi] K [ka] L [ɛl] M [ɛm] N [ɛn]
O [o] P [pe]   Q [ky] R [ɛr] S [ɛs] T [te] U [y]
V [ve] W [dubləve] X [iks] Y [igrɛk] Z [zɛd]

é	e accent aigu
è	e accent grave
ê	e accent circonflexe
ö	o tréma
ç	c cédille
l'	l apostrophe
–	trait d'union
A	a majuscule
a	a minuscule

🎧 **4. Écoutez et écrivez les noms épelés.**

5. Complétez la réservation avec les mots appropriés.

> chambre lit Madame Monsieur nuit
> personne petit-déjeuner réservation

FAX

De: Christa Döller
À: Hôtel Bleu Marine
Date: 15 avril 2003

＊＊＊＊＊＊＊＊＊＊

Monsieur,

Suite à mon appel téléphonique de ce matin, je vous confirme

ma ＿＿ d'une ＿＿ pour une ＿＿, pour 3 ＿＿, du lundi 24

au jeudi 27 mai, au prix de 60 euros la nuit.

Veuillez agréer, ＿＿, mes salutations distinguées.

Christa Döller

JOUER

6. Jouez à deux. A veut des informations pour réserver une chambre à l'Hôtel du Lion d'Or (pour les réponses de B, voir les symboles page 165). Changez de rôle pour l'Hôtel Barnabé.

● Hôtel du Lion d'Or, bonjour!

▲ Bonjour, Monsieur/Madame, je voudrais réserver une chambre du vendredi 12 au dimanche 14 septembre, est-ce encore possible? ...

Hôtel Barnabé

> *Hôtel du Lion d'Or*
> *– un restaurant?*
> *– une piscine?*
> *– carte bancaire?*

les mois de l'année:
janvier, février, mars, avril, mai, juin, juillet, août, septembre, octobre, novembre, décembre

les jours de la semaine:
lundi, mardi, mercredi, jeudi, vendredi, samedi, dimanche

→ AB 1, 2 (V); 9, 10 (C)

- Zufriedenheit ausdrücken
- Mängel benennen

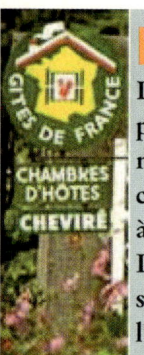

INFO
Les Gîtes de France proposent une alternative pour les vacances: le tourisme vert à la française.
Leurs caractéristiques sont l'authenticité, l'accueil et le dialogue.
www.gites-de-france.fr

L'accueil est excellent!

LIRE

7. Vous voulez passer vos vacances en Bourgogne. Lisez les annonces et répondez aux questions.

Quel hébergement prenez-vous si …
1. vous avez 80 euros pour deux pour le week-end?
2. vous voulez être au centre ville?
3. vous aimez le calme et voulez goûter les spécialités régionales?
4. vous voulez visiter la Bourgogne en une semaine?

Chez Brigitte et Jean-Charles VIENNET
CHAMBRES D'HÔTES

Pour une ou plusieurs nuits, prenez une chambre chez Brigitte et Jean-Charles Viennet au centre de Marsannay-la-Côte, à 10 minutes de Dijon. Leur vieille maison a trois belles chambres d'hôtes et un beau jardin avec de grands arbres.
Goûtez la cuisine locale et les vins régionaux au restaurant Le Gourmet à 300 mètres.

La nuit avec petit-déjeuner:
1 personne: 42 €   2 personnes: 50 €

34, rue de Mazy
21160 Marsannay-la-Côte

HÔTEL LE JACQUEMART

Bel hôtel au centre de Dijon. Chambres calmes, propres et agréables. Excellent accueil.

Chambre 1 personne: de 25 à 46 €
Chambre 2 personnes: de 26 à 55 €
Petit-déjeuner: 5 € 20

32, rue Verrerie
21000 Dijon

GÎTE RURAL «LA CADÉE»
rue Martenot
21550 Ladoix-Serrigny

Vous souhaitez passer un week-end ou des vacances originales dans notre belle région?
Dans un cadre exceptionnel en Bourgogne, notre gîte pour 4 personnes est idéal pour visiter les plus beaux sites et monuments.

Location: semaine: 305 €
week-end: 84 €

 les **CENTVIGNES**

camping municipal 4 étoiles ★★★★
10, rue Auguste Dubois - 21200 BEAUNE 03.80.22.03.91

Dates d'ouverture : 15/03–31/10
Pour les petits budgets, une formule d'hébergement économique. Et si vous aimez le confort et l'ambiance camping, le chalet peut être la solution.

Tente/nuit: 9 €
Caravane/nuit: 12 €
Chalet/semaine: 250 €

DÉCOUVRIR

8. Suchen Sie alle Adjektive aus den Texten heraus. Welche weisen Besonderheiten auf?

9. Complétez la carte postale avec les formes adéquates des adjectifs: beau (2x), original, bon, régional.

Die meisten Adjektive werden dem Nomen nachgestellt: des vacances originales. Die häufig gebrauchten Adjektive wie grand, petit, beau, bon, vieux stehen jedoch in der Regel vor dem Nomen: un grand jardin.

⚠ Es gibt einige wenige Sonderformen vor Vokalen und stummem h: un bel appartement, un vieil homme.

Chère Maryse,
Nous sommes dans
un très ____ hôtel à Dijon
pour le week-end.
Le cadre est ____ et il y a
un très ____ restaurant.
Bien sûr nous mangeons
des spécialités ____ !
La vieille ville est aussi
très ____.
À bientôt.
Amitiés   Renée et Pierre

60000 Beauvais

ÉCOUTER

🎧**10.** Écoutez. Est-ce que les personnes sont contentes de leur hébergement?

Il/Elle est content/e.

Il/Elle n'est pas content/e. Il/Elle est mécontent/e.

🎧**11.** Réécoutez les réactions et justifiez votre réponse.

Elle n'est pas contente parce que la douche est froide.

Il est mécontent parce que la télévision ne marche pas.

S'ENTRAÎNER

12. Reconstituez le dialogue entre le client et le réceptionniste.

- ☐ Au revoir.
- ☐ Voilà ma carte.
- ☐ Vous avez consommé des boissons du minibar?
- ☐ Merci … Votre carte et votre note. Merci, Monsieur. Au revoir.
- ☐ La note, s'il vous plaît.
- ☐ Oui, un Orangina.
- ☐ Oui, très content. Merci.
- ☐ Alors, ça fait 73 euros 45, s'il vous plaît, Monsieur.
- ☐ Vous êtes content de votre séjour, Monsieur?

BAR - HÔTEL - RESTAURANT

La Sirène**
Hôtel - Restaurant de la Sirène
22, rue Prud'homme Havette
55400 ETAIN
Tél. : 03 29 87 10 32
Fax : 03 29 87 17 65

N° : 8418

Voyageur - Nom :
Ville :
Chambre N° : 14

Date	Service fournis	Prix
11 Mai 2002		
1	Chambre	57
2	Repas	22
1/4	volture	3,5
2	P. déj.	12
		94,50

T.V.A. 5,5% :
T.V.A. 19,6% :

TOTAL (Euros) : 94,50
TOTAL (Francs) :

→ AB 3, 4, 5 (V);
6, 7 (G); 11, 12 (C)

LIRE

13. Lisez le texte. Trouvez les mots correspondant aux photos.

Les Français changent leurs habitudes[1] de petit-déjeuner à l'hôtel.
Si 90 % des Français prennent un petit-déjeuner chez eux[2], le menu du petit-déjeuner reste pauvre[3]. C'est en général le même en semaine et le week-end: café, thé ou chocolat chaud, céréales ou pain avec confiture. En revanche, quand ils vont à l'hôtel, les Français n'hésitent pas[4] à se faire plaisir. 60 % consomment des croissants, 74 % boivent un jus d'orange, 25 % avalent[5] un yaourt, 20 % mangent des œufs, 21 % se régalent[6] de charcuterie.
Le buffet est la formule[7] préférée pour 65 % des personnes interrogées[8], contre 26 % qui préfèrent prendre le petit-déjeuner dans leur chambre. 92 % des clients d'hôtels sont satisfaits du petit-déjeuner … mais pas des prix, de la qualité des boissons et des horaires.

© Coach omnium 1999

1 ihre Gewohnheiten
2 bei sich zu Hause
3 *hier:* bescheiden
4 sie zögern nicht
5 *hier:* verschlingen
6 sich etwas schmecken lassen
7 *hier:* Art (zu essen)
8 befragte Personen

les ___   la ___   le ___   le ___   les ___   la ___

PARLER

14. Regardez la carte. Qu'est-ce que vous aimez manger au petit-déjeuner? Discutez.

→ AB 13, 14, 15 (AS)

Hôtel Royal ****   PETIT-DÉJEUNER «À LA CARTE»   Service de 6 heures à 12 heures

BOISSONS CHAUDES
Café, thé, chocolat
Café décaféiné, expresso .... 4,80 €

JUS DE FRUITS
Jus de fruit frais pressé:
orange, pamplemousse .... 6,40 €
Cocktail de jus de légumes .... 5,50 €

FRUITS FRAIS
Cocktail de pamplemousse frais ...... 8,50 €
Melon (selon la saison) .... 9,00 €
Salade de fruits .... 8,50 €

FROMAGES ET YAOURTS
Fromage blanc fermier .... 8,50 €
Sélection de fromages .... 8,50 €
Yaourt nature ou maigre .... 4,50 €
Yaourt aux fruits .... 5,50 €

CÉRÉALES
Muesli, corn-flakes, porridge ...... 8,50 €

ŒUFS
2 œufs à votre convenance: à la coque,
au plat, pochés ou brouillés .... 6,80 €
Avec jambon, bacon ou saucisses .... 9,50 €

Omelette 3 œufs à votre
convenance: nature .... 8,00 €
Avec bacon, champignons,
jambon, fromage .... 10,00 €

BOULANGERIE
Corbeille du boulanger:
petits pains, croissants,
assortiment de viennoiseries
avec: beurre, confiture, miel ...... 9,50 €

Prix nets

Repères

KOMMUNIKATION

Ein Hotelzimmer buchen und bezahlen

Vous avez une chambre pour une nuit?

Vous avez (encore) une chambre libre?

Je voudrais une chambre simple/double/
pour deux personnes avec salle de
bains/prise internet …

Combien coûte la chambre?

Le petit-déjeuner est compris?

À quel nom, s'il vous plaît?

Vous pouvez épeler, s'il vous plaît?

La note, s'il vous plaît.

Vous payez comment?

Nous payons par carte bancaire.

Das Datum angeben

On est lundi/mardi/mercredi …

Nous sommes le 15 janvier/février/mars …

Je voudrais réserver une chambre du (samedi) 23 au (jeudi) 28 février.

Zufriedenheit/Unzufriedenheit ausdrücken

C'est très pratique/confortable/calme.

L'accueil est excellent.

Je suis très satisfait/satisfaite/content/
contente.

Je suis mécontent/mécontente.

La télévision ne marche pas. Ça commence
bien!

C'est un scandale!

C'est très bruyant.

1. **Was sagen Sie, wenn Sie wissen möchten,**
   a. **ob es noch freie Zimmer gibt?**
   b. **wie teuer ein Zimmer ist?**
   c. **ob das Zimmer mit Bad, Fernsehen und Minibar ausgestattet ist?**
   d. **ob das Frühstück im Preis inbegriffen ist?**
2. **Sie möchten ein Zimmer vom 2. bis zum 5. Juni reservieren. Was sagen Sie?**
   a. **Sie möchten mit Kreditkarte bezahlen.**
   b. **Sie werden gebeten, Ihren Namen zu buchstabieren.**
   c. **Sie sind vom Service angetan.**
   d. **Sie sind mit dem Aufenthalt sehr zufrieden.**

GRAMMATIK

Die Stellung des Adjektivs

Die meisten Adjektive werden dem Nomen nachgestellt:

une chambre calme

une ville agréable

une spécialité régionale

Es gibt jedoch einige häufig gebrauchte, meistens kurze, Adjektive, die vor dem Nomen stehen:

un beau jardin

un grand/petit arbre

une bonne adresse

un vieil hôtel

Die Angleichung des Adjektivs

Die Adjektive werden wie die Begleiter an das zugehörige Nomen angeglichen (siehe U5).

1. Maskuline und feminine Formen sind identisch.

Singular		Plural	
un hôtel moderne	une cuisine moderne	des hôtels modernes	des cuisines modernes

2. Maskuline und feminine Formen sind unterschiedlich: (häufig bei femininer Form + -e).

le petit jardin	la petite maison	les petits jardins	les petites maisons

3. Sonderformen:

– bei femininer Form Verdoppelung des Endkonsonanten.

un bon voyage	une bonne journée	de(s)* bons voyages	de(s) bonnes journées

– Adjektive auf **-al** (**idéal, local, original, régional**) bilden die maskuline Pluralform auf **-aux**.

le vin régional	la spécialité régionale	les vins régionaux	les spécialités régionales

– Einige vorangestellte Adjektive haben eine zweite maskuline Singularform, wenn das zugehörige Nomen mit einem Vokal oder stummen **h** beginnt.

un vieux monsieur/ un vieil arbre	une vieille maison	de(s) vieux messieurs/ de(s) vieux arbres	de(s) vieilles maisons
le beau jardin/ le bel hôtel	la belle chambre	les beaux jardins/ les beaux hôtels	les belles chambres

* Bei vorangestellten Adjektiven im Plural kann man statt **des** auch **de** benutzen.

---

3. **Gleichen Sie die Adjektive an.**

1. Nous avons un ___ (beau) appartement avec trois chambres ___ (confortable).
2. Nous habitons dans un ___ (petit) hôtel dans un cadre ___ (exceptionnel). La chambre donne sur un ___ (beau) jardin avec de ___ (grand) arbres. C'est une ___ (bon) adresse.
3. La cuisine ___ (local) est ___ (excellent) et il y a de très ___ (bon) vins ___ (régional).

AUSSPRACHE

Die Nasallaute [ɑ̃], [ɔ̃], [ɛ̃] haben verschiedene Schreibweisen.

4. **Ordnen Sie die Wörter in die richtige Spalte.**

Saint-Germain, Nantes, la chambre, le centre, internet, compris, comment, le nom, le jardin, la salle de bains, Orléans, Mâcon, septembre, la maison, le vin, le pain, onze, l'agence, quarante, trente, demain, bonsoir, quinze, les gens, Nancy, Verdun, le copain, bien, musicien, le nombre, l'ascenseur, le matin, un, Rouen, Chalon.

[ɑ̃]	[ɔ̃]	[ɛ̃]
...		

ENTRAÎNEZ-VOUS!

1. Lisez la bande dessinée et décrivez la situation.

   a. Quelles autres questions peut-on poser?

   b. Pourquoi voyager? Trouvez des idées et donnez des raisons.

     Je voyage parce que j'aime les langues.

   c. Jouez la scène.

pour affaires = geschäftlich
pour raisons familiales = wegen Familienangelegenheiten
être amoureux de = verliebt
celle-ci = diese
décrivez = beschreiben Sie
raisons = Gründe

2. Welcher Lerntyp sind Sie? Kreuzen Sie an.

1. C'est le mois de novembre. Pour aller au travail, vous pouvez prendre votre voiture, votre vélo ou le bus. Pour vous décider, vous …

   ☐ a … regardez la météo[1] à la télévision.

   ☐ b … écoutez la météo à la radio.

   ☐ c … regardez par la fenêtre.

2. Dans une ville française, vous voulez manger dans un bon restaurant. Pour vous décider, vous …

   … regardez dans un guide[2] de la région.

   ☐ a … demandez à des gens de la région.

   ☐ b … allez dans la rue, regardez les restaurants et leurs menus.

3. Quel art préférez-vous?

   ☐ a la peinture

   ☐ b la musique

   ☐ c le théâtre

4. Vous allez chez des amis pour la première fois[3]. Pour trouver la maison, vous …

   ☐ a … regardez un plan de la ville.

   ☐ b … téléphonez à vos amis.

   ☐ c … prenez votre voiture et vous cherchez dans la ville.

5. Vous regardez la télévision? Quel type êtes-vous? Vous …

   ☐ a … lisez le programme de la semaine.

   ☐ b … regardez seulement quand vous entendez parler[4] d'un bon film.

   ☐ c … zappez.

6. Pour rester en contact avec vos amis, vous …

   ☐ a … écrivez des lettres[5]/des méls.

   ☐ b … téléphonez.

   ☐ c … allez chez eux ou ils viennent[6] chez vous pour un week-end ou des vacances.

7. Vous allez à un mariage[7] loin de chez vous. Vous avez une liste des hôtels de la région. Qu'est-ce que vous faites?

 [a] Vous regardez la liste et réservez une chambre.

 [b] Vous téléphonez aux mariés pour avoir des renseignements.

 [c] Vous ne réservez pas; vous voulez voir[8] les chambres avant.

8. Pour mémoriser[9] le numéro de téléphone d'un de vos amis, …

 [a] … vous notez le numéro plusieurs fois.

 [b] … vous répétez le numéro plusieurs fois.

 [c] … vous appelez souvent votre ami.

Zählen Sie nun Ihre Antworten.

Überwiegend [a]: Sie sind eher ein visueller Lerntyp. Sie lernen am besten mithilfe von Skizzen, Illustrationen und schriftlichen Notizen.
Tipp: Unterstreichen Sie wichtige Wörter, fertigen Sie Skizzen zu grammatischen Problemen an. Gestalten Sie Ihre Lernkartei mit Symbolen, farbigen Markierungen und Zeichnungen. Zur Verbesserung Ihres Hörverstehens machen Sie sich beim Hören bildliche Vorstellungen der Personen und Situationen.

Überwiegend [b]: Sie sind eher ein auditiver Lerntyp. Sie verstehen schwierige Lerninhalte am besten, wenn Sie sie mit jemandem besprechen. In Diskussionen entfalten Sie Ihre Stärken, da Sie mündlich Vorgetragenes gut einordnen können.
Tipp: Sie sollten Texte laut lesen, viel mit Tonaufnahmen üben und sich mit anderen über den Lernstoff austauschen.

Überwiegend [c]: Sie sind eher ein kinästhetischer Lerntyp. Lesen oder nur Zuhören ist für Sie nicht ausreichend. Sie probieren Neues ganz gerne aus und lernen besser, wenn Sie den Lernstoff mit konkreten Situationen verbinden oder praktisch erfahrbar machen.
Tipp: Spielen Sie Situationen im Kopf oder mit anderen durch. Arbeiten Sie aktiv mit Ihrer Lernkartei. Verwandeln Sie Ihre Wohnung in ein Bildwörterbuch. Verbinden Sie Vokabeln mit Gesten und Bewegungen.

1 Wettervorhersage
2 Führer
3 das erste Mal
4 *hier:* erfahren, hören
5 Briefe
6 kommen
7 Hochzeit
8 sehen
9 auswendig lernen

3. Jouez et devinez.

Sie spielen in zwei Gruppen gegeneinander und versuchen, so viele Vokabeln wie möglich zu erraten. Für jede Runde, die jeweils eine Minute dauert, wird eine Person ausgesucht, die eine von der gegnerischen Gruppe ausgewählte Vokabel für seine eigene Gruppe darstellen soll: Zeichnung, Pantomime oder Erklärung des Wortes. Gewonnen hat die Gruppe mit den meisten Punkten.

Vorbereitung:

Der Kurs wird in zwei Gruppen geteilt: Jede Gruppe bereitet für
die gegnerische Mannschaft 21 Zettel mit Vokabeln der ersten acht *unités* vor:

- sieben Vokabeln zum Zeichen
- sieben Vokabeln für die pantomimische Darstellung
- sieben Vokabeln zum Erklären

un chat
dessinez!

un avion
mimez!

la mère
expliquez!

avion

il y a le père et ...

À PARIS

In dieser unité reisen Sie nach Paris.
Das Verb connaître und eine neue Zeit, das passé composé, werden Ihnen vorgestellt.

La tour Eiffel
Le Sacré-Cœur
La Défense
L'avenue des Champs-Élysées
Le cimetière du Père Lachaise
Le centre Georges Pompidou
L'Institut du Monde Arabe
La Bibliothèque
François Mitterrand

1. Fragen Sie sich gegenseitig, was Sie von Paris kennen.

● Est-ce que vous connaissez la tour Eiffel?

■ Oui, je connais./Non, je ne connais pas.

2. Waren Sie schon in Paris? Was haben Sie gesehen?

● Vous êtes déjà allé/e à Paris?

■ Oui, j'ai visité l'Institut du Monde Arabe .../Non, je ne connais pas Paris.

- **Sich in einer Stadt orientieren**
- **Pläne machen**

Paris Express

ÉCOUTER

- RER A direction Marne-la-Vallée
- changer à Gare de Lyon
- Métro 14 direction Bibliothèque
- descendre au terminus

- RER A direction St-Germain-en-Laye
- descendre à Gare de Lyon
- ligne 14 direction Madeleine
- descendre à Bibliothèque

1. Pierre est à la station de métro Charles de Gaulle-Étoile. Il demande son chemin et prend des notes. Écoutez et suivez le chemin sur le plan à la fin du livre. Quelles sont les notes de Pierre? Faites des hypothèses.

Prenez la ligne …
direction …
Descendez à/
Changez à …
Puis prenez …

2. Regardez les deux plans de Paris à la fin du livre. Choisissez deux curiosités et demandez à votre voisin/voisine comment aller d'une curiosité à l'autre.

DÉCOUVRIR

3. Écoutez et lisez le dialogue.

a. Vérifiez les affirmations.

Devant la Bibliothèque François Mitterrand

● Ah, Pierre enfin!

▲ Salut, Fabrice. Tu attends depuis longtemps?

● Dix minutes!

▲ Désolé. J'ai visité l'Arc de Triomphe avec Lise et nous avons fait un tour sur les Champs-Elysées. Quelle foule!

● Tu as pris le RER pour venir ici?

▲ Oui, de Charles de Gaulle-Étoile jusqu'à Gare de Lyon. J'ai changé et j'ai pris la ligne 14. Tu connais la ligne 14? Elle est géniale: à la station Gare de Lyon, il y a un jardin tropical et le métro est sans chauffeur! Et toi, qu'est-ce que tu as fait?

● Moi, j'ai visité le musée d'Orsay. Ensuite, j'ai fait une promenade sur les quais de la Seine et j'ai admiré Notre-Dame!

connaître

je connais

tu connais

il/elle/on connaît

nous connaissons

vous connaissez

ils/elles connaissent

	oui	non	non précisé
1. Fabrice n'est pas content du tout.	___	___	___
2. Pierre attend Fabrice depuis longtemps.	___	___	___
3. Pierre a visité l'Arc de Triomphe.	___	___	___
4. Fabrice et Lise ont visité le musée d'Orsay.	___	___	___

b. Suchen Sie die Vergangenheitsformen aus dem Text heraus und finden Sie die entsprechenden Infinitive.

→ AB 6 (G); 11 (C)

4. **Relisez le dialogue et trouvez les expressions correspondantes:**

1. wartest du schon lange?
2. ich habe besichtigt
3. wir haben eine Tour gemacht
4. hast du die S-Bahn genommen?
5. ich bin umgestiegen
6. was hast du gemacht?
7. kennst du die Linie 14?

> Das **passé composé** wird mit den Hilfsverben **avoir** oder **être** im Präsens und dem Partizip Perfekt des Hauptverbs gebildet.

S'ENTRAÎNER

5. **Complétez. Qu'est-ce que Pierre et Fabrice ont fait?**

Fabrice a visité le musée d'Orsay, puis il ___ une promenade sur les quais de la Seine et il ___ Notre-Dame. Pierre et Lise ___ l'Arc de Triomphe, puis ils ___ un tour sur les Champs-Elysées. Ensuite, Pierre a pris le RER, il a ___ à Gare de Lyon et il ___ la ligne 14.

> Die Verben auf **-er** haben die regelmäßige Partizipform **-é**, die anderen Partizipformen müssen gelernt werden.
> visiter → visité
> changer → changé
> prendre → pris
> faire → fait

PARLER

6. **Vous voulez passer un week-end à Paris avec deux amis. Faites votre programme. Discutez et mettez-vous d'accord.**

> Le premier jour, je voudrais visiter/aller …
> Moi, je préfère …/ je déteste
> D'accord, on visite …

ÉCRIRE

7. **À la fin de votre séjour à Paris, vous écrivez une carte postale.**

> Cher/s/Chère/s …   Je suis à Paris pour trois jours …
> Le premier jour/Hier, on a visité …/on a fait un tour …
> J'ai (bien) aimé/Je n'ai pas aimé …/C'est beau/génial/intéressant …
> À bientôt/Amitiés/Je t'embrasse/Je vous embrasse.

→ AB 2, 3 (V); 7 (G)

• Über Vergangenes berichten

À Paris avec Amélie

LIRE

8. Vous connaissez le film «Le Fabuleux Destin d'Amélie Poulain»?
Regardez les photos et cochez la bonne réponse.
Si vous ne connaissez pas le film, essayez de deviner!

1. Le film est
   a. une histoire d'amour.
   b. un policier.
   c. un film d'action.

2. L'action a lieu
   a. à Montmartre.
   b. à Montparnasse.
   c. dans le Quartier latin.

3. Le personnage principal est
   a. une jeune femme.
   b. une grand-mère.
   c. une mère de famille.

Die meisten Verben bilden
das **passé composé** mit **avoir**.
Hier bleibt das Partizip Perfekt unverändert: **elle a aimé**.
Wenige Verben wie **aller**,
rester und **arriver** bilden
das **passé composé** mit **être**.
Hier wird das Partizip wie
ein Adjektiv in Geschlecht
und Zahl dem Subjekt angeglichen:
il est resté / **elle est allée**
ils sont restés /
elles sont allées

🎧 **9. Une touriste sur les pas d'Amélie: décrivez son chemin.**
Qu'est-ce qu'elle a fait?

Avec le succès du «Fabuleux Destin d'Amélie Poulain», Paris est bien sûr resté Paris, mais Montmartre a changé. Jean-Pierre Jeunet a tourné son film dans un petit café, rue Lepic, «Les deux Moulins». Aujourd'hui les touristes ne visitent pas seulement le Sacré-Cœur, ils vont aussi dans ce petit café célèbre. Ils prennent un café ou un demi au comptoir et font des photos. D'autres restent plus longtemps et goûtent la «crème brûlée Amélie». Ensuite, ils cherchent les autres endroits où Amélie est allée: les rues populaires, les escaliers, la station de métro Abbesses et aussi la petite épicerie de la rue des Trois-Frères. Le patron du magasin a gardé les décors du film. Il a déclaré: «Amélie a changé ma vie».

| Elle | est / a | allée / cherché / fait / restée / pris / goûté | … |

10. Complétez le réseau.

film — Montmartre — café

→ AB 8, 9 (G); 12 (C)

S'ENTRAÎNER

11. Être ou avoir? Complétez le texte sur l'actrice Audrey Tautou.

Audrey Tautou est née le 9 août 1978. Après le lycée, elle ___ allée à l'université, puis elle ___ pris des cours dans une école de théâtre. Ensuite, le succès ___ vite arrivé. Quand le réalisateur Jean-Pierre Jeunet ___ fait la connaissance de la jeune femme, il ___ tout de suite décidé: «Amélie, c'est elle». Depuis, des millions de personnes allées au cinéma et elles ___ adoré Amélie. Mais Audrey Tautou n'___ pas du tout changé. Elle ___ restée simple et naturelle.

12. En groupes, notez 15 à 20 verbes sur des petites fiches. A. tire un verbe. B. lance le dé et C. fait une phrase avec le verbe au passé composé. Changez de rôle.

faire – tu
tu as fait

nous
je — tu

13. Julie a fait la connaissance de Stéphane. Imaginez la conversation téléphonique entre Julie et son amie Charlotte (ou Stéphane et son copain Fabien).

INFO

Der Film «Le Fabuleux Destin d'Amélie Poulain» wurde 2001 bei der Verleihung des Europäischen Filmpreises in Berlin als bester europäischer Film des Jahres ausgezeichnet. Jean-Pierre Jeunet, der mit seinem bizarren Debütwerk «Delicatessen» und mit «La cité des enfants perdus» auch in Deutschland zu einem Kultregisseur avancierte, gelang ein kleines europäisches Kinowunder.

MUSÉE

> Je suis allé/e ...
> Et là, j'ai fait la connaissance de ...
> Il/Elle est comment?
> Et après le musée?
> On ... Puis ...

CINÉMA

→ AB 1, 2 (V); 10 (G); 13 (C)

LIRE

14. Regardez la page de magazine.
    a. Décrivez les photos.
    b. Lisez le texte. Quelles sont les caractéristiques d'un petit café?
       Comparez avec l'Allemagne.

Paris: c'est aussi les petits cafés

Les petits cafés ouvrent le matin vers sept heures. Les clients sont souvent des habitués: des habitants du quartier, des employés de bureau, des hommes ou des femmes d'affaires, des chauffeurs de taxi, des artisans, des ouvriers, des commerçants du coin. Avant le travail on prend un café crème ou un petit noir avec des croissants si on veut. À l'heure du déjeuner on peut manger une salade, un plat du jour ou un sandwich. Le soir, on retrouve les copains ou les collègues pour prendre l'apéritif. Tout le monde discute de la pluie et du beau temps, du programme télé ou du match de foot de la veille. On est un peu comme en famille.

→ AB 4 (V);
   14, 15 (AS)

Repères

KOMMUNIKATION

Sagen, was man in einer Stadt kennt

Je connais …/Je ne connais pas …

Je suis déjà allé/e à …

Verbindungen mit öffentlichen Verkehrsmitteln erläutern

Prenez la ligne … direction …

Descendez à …

Changez à …

Erzählen, was man getan hat

J'ai visité …

J'ai pris le métro/le RER/le bus.

J'ai fait un tour/une promenade …

Puis/Ensuite, j'ai admiré …

Je suis allé/e …

Nous sommes restés/ées …

1. **Was antworten Sie auf folgende Fragen?**
   a. **Sie werden gefragt, ob Sie Paris kennen.**
   b. **Man fragt Sie, wie Sie zum Französischkurs kommen.**
   c. **Sie werden gefragt, was Sie in Ihrem letzten Urlaub gemacht haben.**

GRAMMATIK

Die Konjugation des Verbs connaître

je connais	nous connaissons
tu connais	vous connaissez
il/elle/on connaît	ils/elles connaissent

Das passé composé

Das passé composé verwendet man im Französischen bei abgeschlossenen Handlungen. Es besteht – wie im Deutschen – aus dem konjugierten Hilfsverb **avoir** oder **être** und dem Partizip Perfekt. Die meisten Verben werden mit dem Hilfsverb **avoir** konjugiert, nur einige Verben wie **aller, arriver** und **rester** werden mit **être** konjugiert.

Das passé composé der Verben visiter und aller:

visiter	aller
j'ai visité	je suis allé/e
tu as visité	tu es allé/e
il/elle/on a visité	il/elle est allé/e
	on est allé/s/es*
nous avons visité	nous sommes allé/e/s
vous avez visité	vous êtes allé/e/s
ils/elles ont visité	ils/elles sont allés/ées

Wenn das Verb mit **avoir** konjugiert wird, bleibt das Partizip unverändert.

Wenn das Verb mit **être** konjugiert wird, ist das Partizip veränderlich. Es wird wie ein Adjektiv in Geschlecht und Zahl dem Subjekt des Verbs angeglichen:

il est allé/elle est allée

ils sont allés/elles sont allées.

*Bei **on** in der Bedeutung von **nous** kann man das Partizip auch sinngemäß angleichen.

Die Bildung des Partizip Perfekts

Die Verben auf -er bilden das Partizip auf -é:

visiter – visité

écouter – écouté

changer – changé

aller – allé

rester – resté

**Andere Verben haben
ein unregelmäßiges Partizip:**

faire – fait

prendre – pris

---

2. Ergänzen Sie die Sätze mit der richtigen Form der Verben im *passé composé*.

1. Qu'est-ce que vous ____ (faire) en vacances?

2. Pierre et moi, on ____ (voyager): on ____ (prendre) le train pour Paris et on ____ (visiter) la ville.

3. Vous ____ (aimer) Paris?

4. Oui, beaucoup. Moi, j' ____ (adorer) les vieux quartiers du centre. J' ____ (faire) de grandes promenades à pied et Pierre ____ (passer) ses journées dans les musées.

5. Où est-ce que vous ____ (habiter)?

6. Nous ____ (trouver) un petit hôtel agréable à Montmartre.

7. Et après Paris, où est-ce que vous ____ (aller)?

8. Nous ____ (continuer) notre voyage en direction de la Bretagne et nous ____ (rester) une semaine au bord de la mer. Et toi, qu'est-ce que tu ____ (faire)?

AUSSPRACHE

Im Französischen sind die Wortgrenzen nicht hörbar:
Wortende und nachfolgender Wortanfang gehen ineinander über.

🎧 **3. Lesen Sie folgende Sätze und markieren Sie zunächst die Wortenden durch / und anschließend die Bindungen durch ⌣. Vergleichen Sie Ihre Ergebnisse mit der Aufnahme.**

1. JesuisallésurlesChamps-Elysées.

2. Nousavonsvisitédeséglisesetdesmusées.

3. Ilssontallésdansuncafé.

4. Vousavezprisunexpressoetunjusdorange.

5. IlscherchentlesautresendroitsoùAmélieestallée.

LERNTIPPS

Sie haben in dieser *unité* eine neue Zeitform kennen gelernt. Um ihre Bildung und Formen besser zu behalten, können Sie sich Sätze in Verbindung mit Ihrem eigenen Tagesablauf ausdenken. Sie kennen Ausdrücke wie

prendre un café/un thé/un petit-déjeuner; arriver au travail/au bureau à 7/8 … heures; travailler jusqu'à 17/18 … heures; manger un sandwich/une pizza …; faire une promenade/un tour; parler avec …; aller au cours de français.

Mit Wörtern wie *alors, puis, ensuite* und *après* können Sie die einzelnen Aktivitäten ordnen.

À TABLE

Sie lernen Bezeichnungen für Lebensmittel und die Uhrzeit kennen. Sie lernen, auf Einladungen zu reagieren. Die Verben acheter, venir und der Teilungsartikel werden vorgestellt.

Boissons

Fruits et légumes

Épicerie

Boulangerie

Crémerie

Boucherie Charcuterie

les légumes
le sucre
les œufs
les fruits
les pâtes
la confiture
les conserves
l'eau minérale
la charcuterie
le vin
le riz
le fromage
le lait
la viande
le pain
les yaourts
le saucisson

1. Où faites-vous vos courses? Posez des questions d'après l'exemple.

Où est-ce que vous achetez/tu achètes le pain?

J'achète	souvent de temps en temps	le pain	au rayon boulangerie du supermarché. au marché. à la boulangerie.

2. Écoutez l'annonce et répondez.

Combien coûte ...?

1. l'eau minérale	a. 1€80
2. la confiture	b. 2€15
3. le chocolat	c. 3€
4. les oranges	d. 0,90€

- Mengen benennen
- Einkaufen

On fait les courses

ÉCOUTER

🎧 **1. Écoutez et lisez le dialogue. Répondez et corrigez si nécessaire.**

MADAME LEMAIRE: Bon, Cyril, pour ton dîner d'anniversaire, qu'est-ce que tu veux manger?

CYRIL: Hum ... Comme entrée, du pâté ... et ensuite, de la blanquette de veau avec du riz, c'est mon plat préféré ...

MADAME LEMAIRE: D'accord ... J'ai déjà commandé un gâteau pour le dessert. On peut aussi préparer une salade de fruits, c'est léger après un bon repas!

STÉPHANIE: Et qui fait les courses?

MADAME LEMAIRE: On partage. Pierre, tu peux aller chez le traiteur pour le pâté, s'il te plaît? Tu achètes aussi du fromage?

MONSIEUR LEMAIRE: D'accord! Et les boissons? Tu as déjà acheté du champagne?

MADAME LEMAIRE: Non, désolée, je n'ai pas eu le temps! Les jeunes, vous allez au supermarché et vous prenez trois bouteilles de champagne. Sinon, il y a encore de l'eau minérale et du vin à la cave ... Par contre, il n'y a plus de crème fraîche. Achetez aussi de la crème fraîche pour la sauce.

STÉPHANIE ET CYRIL: Ok! On a tout?

MADAME LEMAIRE: Moi, je vais au marché pour les légumes et les fruits, et chez le boucher pour la viande.

	vrai	faux	non précisé
M. Lemaire aime la blanquette de veau.	☐	☐	☐
Les jeunes font un gâteau pour le dessert.	☐	☐	☐
M. Lemaire achète le pâté chez le traiteur.	☐	☐	☐
Mme Lemaire fait les courses au marché.	☐	☐	☐
Il reste trois bouteilles de champagne à la cave.	☐	☐	☐

---

acheter

j'achète

tu achètes

il/elle/on achète

nous achetons

vous achetez

ils/elles achètent

⚠ **Beim passé composé** setzt man die Verneinungsklammer um das Hilfsverb herum: Je n'ai pas eu le temps.

DÉCOUVRIR

2. Relisez le dialogue. Qu'est-ce que la famille Lemaire doit encore acheter?

	de la du de l' des		pâté ...
Ils doivent acheter Il y a encore	...| bouteille/s pot/s	de/ d'	

Ils doivent acheter du pâté ...

→ AB 6, 10 (G)

3. Ergänzen Sie den Text. Benutzen Sie den Teilungsartikel.

Stéphanie et Cyril sont allés au supermarché. Ils ont acheté __
champagne, __ eau minérale et __ crème fraîche. Ils ont aussi pris
__ riz et __ ananas en conserve. Chez le traiteur, Monsieur Lemaire a
acheté __ pâté et __ fromage. Madame Lemaire doit encore acheter
__ champignons, __ bananes et __ oranges au marché.

**4. Verbinden Sie die Waren aus Übung 3 mit folgenden Mengen-
angaben und der Präposition *de*.**

> un pot   une boîte   deux tranches   un paquet
> une bouteille   500 grammes   un morceau   un kilo

> Ohne Mengenangabe
> benutzt man im Fran-
> zösischen die Teilungs-
> artikel de la, du, de l':
> **On doit acheter
> du pâté.**
> Nach einer Mengen-
> angabe verwendet man
> de ohne Artikel:
> **une bouteille de vin
> pas de champagne
> plus de champignons**

PARLER

🎧 **5. Madame Lemaire est au marché. Reconstituez le dialogue.**

À moi! Je voudrais environ 500 grammes
de champignons et un kilo de pommes de terre.

Non, c'est tout, merci.
Je vous dois combien?

Autre chose, Madame?

Des fruits: un kilo de
pommes et un kiwi, s.v.p.

Voilà. Et avec ça?

Ça fait 6 euros 30.

Merci. Au revoir, Madame, à bientôt!

Mesdames, bonjour, à qui le tour?

Au revoir, Monsieur!

INFO
Le savez-vous? En France,
on peut faire les courses
même le dimanche. Quelques
magasins (boulangeries,
pâtisseries, boucheries, etc.)
sont ouverts le matin.
Il y a aussi des marchés.
⚠ Beaucoup de magasins
sont fermés le lundi.

**6. Faites les courses pour un pique-nique. Le groupe A prépare
la liste des courses et va au marché: qui / produits / quantité.
Le groupe B prépare les stands du marché: produits / prix.
Jouez la scène.**

→ AB 1, 2, 3, 4 (V);
7, 8 (G); 12 (C)

• Zusagen und absagen
• Tischgespräche

Joyeux anniversaire

ÉCOUTER

🎧 **7. Madame Lemaire a écouté les messages du répondeur et parle à Cyril. Qu'est-ce qu'elle dit?**

Valentin		vient		mais	apporte un cadeau
La famille Chabin	(ne)	viennent	(pas)	parce que	en retard
Hélène et Jacques				et	… est malade

S'ENTRAÎNER

venir

je viens
tu viens
il/elle/on vient
nous venons
vous venez
ils/elles viennent

8. Qu'est-ce qu'on dit dans les situations suivantes? Reliez.

Zusagen
Verspätung ankündigen
Vorwand/Gründe angeben
sich entschuldigen
sich bedanken

j'ai un cours de danse
encore une fois merci
je suis désolé/e
je ne peux pas arriver avant huit
heures et demie
c'est d'accord, je viens
j'arrive pour le dessert
je viens avec plaisir
je suis malade
je ne peux pas venir à ta fête
merci pour l'invitation
toutes mes excuses

9. Cyril vous invite aussi. Malheureusement vous ne pouvez pas venir. Écrivez une lettre à Cyril.

19h15 = sept heures
       et quart
19h30 = sept heures
       et demie
19h45 = huit heures
       moins le quart
10h40 = onze heures
       moins vingt

C'est mon anniversaire le 24 mars!

Pour fêter l'événement, nous organisons
une petite fête samedi soir avec quelques amis.
Je compte sur vous.
samedi 24 à 19h30

Cyril

→ AB 9, 11 (G)

10. Le grand jour est arrivé! Décrivez la journée de Cyril.

Il fait la grasse matinée jusqu'à midi. _____

_____

_____

Santé!

DÉCOUVRIR

11. Écoutez. Que peut dire un invité à table? Trouvez l'intrus.

1. ☐ C'est vraiment bon.
   ☐ C'est délicieux.
   ☐ C'est pas mal.

2. ☐ Avec plaisir.
   ☐ Je vous en prie …
   ☐ Oui, volontiers.

3. ☐ Non merci. Ça va.
   ☐ Je n'ai plus soif.
   ☐ Merci. Je n'ai plus faim.

4. ☐ Oui, juste un tout petit peu …
   ☐ Oui, j'ai très faim.
   ☐ Je voudrais bien encore une petite tranche …

S'ENTRAÎNER

12. Imaginez en groupes de trois une situation à table. Jouez la scène sans parler. Trois autres personnes prêtent leur voix pour la synchronisation.

→ AB 5 (V); 13, 14 (C)

LIRE

13. Lisez la bande dessinée et répondez.

a. Quel fromage vient de l'étranger?

b. Quelle différence est-ce que le commerçant voit entre le camembert japonais et le gouda français?

* = camembert

→ AB 15, 16 (AS)

Repères

KOMMUNIKATION

Beim Einkaufen

Je vais chez le boucher/
à la boulangerie/
au marché/au supermarché.

J'achète des légumes/
du pâté/
de l'eau minérale/
de la viande.

Je voudrais un kilo de sucre/
une bouteille de vin/
un pot de crème/
une salade/
deux tranches de jambon.

Je vous dois combien?

À qui le tour?

Et avec ça?

(Vous prenez) autre chose?

Auf eine Einladung reagieren

C'est d'accord, je viens./Je viens avec plaisir./
Merci pour l'invitation.
Toutes mes excuses, je ne peux pas venir
(à la fête)./Je suis désolé/e …/Je suis malade.
Je ne peux pas venir avant huit heures et demie./
J'arrive pour le dessert.

Tischgespräche führen

C'est vraiment bon./C'est délicieux.
Avec plaisir./Oui, volontiers.
Je voudrais bien encore une petite tranche de …/
Merci, juste un tout petit peu de …
Merci, je n'ai plus faim./Non merci, ça va.

1. **Was sagen Sie in folgenden Situationen?**
   a. **Sie kündigen an, dass Sie zum Bäcker gehen.**
   b. **Sie möchten ein Kilo Apfelsinen und einen Salat.**
   c. **Sie fragen in einem Supermarkt, wo sich die Getränke befinden.**
   d. **Sie reagieren erfreut über eine Einladung.**
   e. **Sie entschuldigen sich, da Sie nicht kommen können.**
   f. **Sie sagen, dass das Essen hervorragend schmeckt.**

GRAMMATIK

Die Konjugation der Verben acheter und venir

acheter		venir	
j'achète	nous achetons	je viens	nous venons
tu achètes	vous achetez	tu viens	vous venez
il/elle/on achète	ils/elles achètent	il/elle/on vient	ils/elles viennent

passé composé: j'ai acheté   **passé composé:** je suis venu/e

Die Mengenangaben

Wenn eine Menge angegeben wird, steht einfach nur de vor dem Nomen:

un kilo de café/de pommes

une tranche de jambon

un verre d'eau

une bouteille de vin

un peu de crème

beaucoup de confiture

pas de gâteau/plus de champagne

(= Nullmengen)

Der Teilungsartikel du, de l', de la

Der Teilungsartikel wird verwendet, wenn man keine bestimmte Menge angibt.

J'achète du pain **(= Brot, Menge und Sorte werden nicht präzisiert)**

Die maskuline Form lautet du oder de l' vor einem Vokal:

Je prends du vin

Il y a de l'alcool et de l'anis dans le pastis.

Die feminine Form lautet de la bzw. de l':

Je prends de la viande, de l'eau.

⚠ **Man unterscheidet:**

J'achète du pain **(= Brot, die Menge bleibt offen)**

J'achète un pain **(= ein Brot, ein Laib, die Menge wird mitgedacht)**

Die Uhrzeit

Il est quatorze heures quinze./
Il est deux heures et quart.

Il est quatorze heures vingt-cinq./
Il est deux heures vingt-cinq.

Il est quinze heures trente./
Il est trois heures et demie.

Il est quinze heures cinquante-cinq./
Il est quatre heures moins cinq.

Il est seize heures quarante-cinq./
Il est cinq heures moins le quart.

Il est douze heures./Il est zéro heure.
Il est midi./Il est minuit.

2. **Ergänzen Sie den Text mit *de, du, de l', de la* oder *des*.**

Pour le week-end, nous achetons ____ eau minérale, ____ fruits et ____ légumes. Nous prenons aussi 250 grammes ____ beurre, un pot ____ confiture, ____ viande, un peu ____ saucisson, quelques tranches ____ jambon, ____ fromage et bien sûr une bouteille ____ vin.

LERNTIPPS

Sie haben in dieser *unité* viele neue Wörter zum Thema Lebensmittel gelernt. Sie werden diesen Wortschatz leichter behalten, wenn Sie ihn ordnen. Sie könnten ihn z. B. nach Kategorien ordnen: Milchprodukte, Grundnahrungsmittel, Obst, Gemüse, Fleischwaren, Getränke etc. Sie könnten die Lebensmittel aber auch mit Ihren Vorlieben verbinden: *J'adore, j'aime bien, j'aime assez, je n'aime pas beaucoup, je n'aime pas du tout, je déteste.*

LES 4 SAISONS

Auguste Renoir, La cueillette des fleurs, 1875

Vincent Van Gogh, Le semeur (d'après Millet), 1888

Gustave Caillebotte, Rue de Paris, temps de pluie, 1877

Alfred Sisley, La neige à Louveciennes, 1878

1. **Quels tableaux aimez-vous? À quelles saisons pensez-vous? Discutez.**

   ● J'aime le tableau de Caillebotte. Je pense à l'automne.

   ▲ Vous aimez l'automne?

   ● Oui, j'aime l'automne, mais je préfère le printemps.

2. **Et quel est votre état d'âme à chaque saison?**

En général,	en	au printemps été automne hiver	je suis	+	−
				gai/e. optimiste. dynamique. en forme.	triste. pessimiste. déprimé/e. fatigué/e.

• Über das Wetter sprechen

Quel temps fait-il?

  DÉCOUVRIR

il fait + **Adjektiv**
(**beau**, **chaud** etc.)
il y a + **Substantiv**
(**de la neige**, **du soleil**, etc.)

🎧 **1.** Écoutez et reliez.

1. Il fait vraiment trop chaud ... ouf! Un orage arrive.

2. Non, il ne pleut pas encore, mais le ciel est couvert.

3. Nous avons de la pluie depuis trois jours et, en plus, il fait froid. Et vous, vous avez du soleil, j'espère?

4. Je rentre à la maison plus tard. Il y a du brouillard et il neige.

5. Oui, il fait beau, mais il y a des nuages et un peu de vent.

Après la pluie, le beau temps!

→ AB 7 (G); 12 (C)

 **S'ENTRAÎNER**

2. Quel temps fait-il dans ces villes françaises? Et quel temps fait-il dans votre ville?

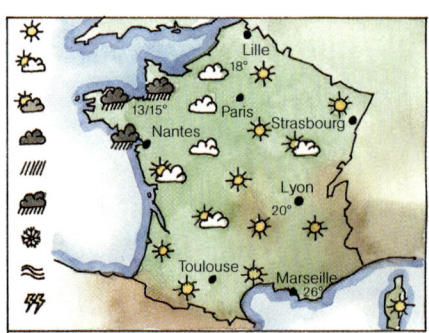

À Toulouse, il fait ...

3. Que prenez-vous quand …?

- il y a du soleil
- il pleut
- il fait froid
- il fait chaud

des lunettes de soleil	un parapluie
un chapeau	un manteau
un imperméable	une écharpe
un pull	

Quand il y a du soleil, je prends mes lunettes de soleil.

En hiver, mon travail est agréable, mais en été …

ÉCOUTER

4. Écoutez les prévisions météo. Le groupe A prend des notes pour les régions du nord, le groupe B pour les régions du sud. Ensuite chaque groupe présente ses résultats à l'autre groupe.

Au nord de la Loire, Dans le nord,	il y a …
À	Paris, il fait …

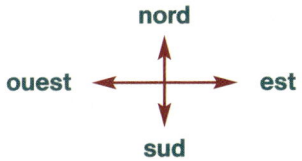

JOUER

5. Écrivez sur une fiche le nom d'une ville, le temps et un état d'âme. Échangez vos fiches et jouez une conversation téléphonique. Intégrez les trois points.

Allô, Yvonne. C'est Martin. Comment ça va?

Salut, Martin! Ça va, et toi?

Montpellier
beau
en forme

il fait un temps de chien

→ AB 1, 2, 3, 4 (V); 11 (C)

- **Kleidungsstücke benennen**
- **Vorlieben und Farben**
- **Personen beschreiben**

Collection Printemps-Été

ÉCOUTER

🎧 **6. Écoutez et lisez le texte. Trouvez le nom de chaque vêtement.**

> Alors, pour la collection Printemps-Été, je passe la parole à Hélène, notre grande commentatrice de mode, en direct des Galeries Lafayette ...

> Bonjour, alors tout d'abord, beaucoup de couleurs! C'est une mode plus gaie que l'année dernière, avec du rouge, du rose, du bleu, du jaune et du vert. On porte des robes plus longues, par contre les jupes restent courtes. J'aime beaucoup les chemises à rayures et les chaussures «ethno». Pour les pulls, on préfère les couleurs naturelles, blanc ou beige, ou bien des couleurs vives et originales. Ce printemps, la mode masculine est plus classique que la mode féminine. Les pantalons sont un peu plus larges, mais les vestes et les chemises restent plus sobres. Les couleurs vont du gris clair au noir. Enfin, la tenue de nos jeunes change un peu: les jeans et les tee-shirts sont moins à la mode que les bermudas, par exemple. Bref, une mode agréable à porter et agréable à regarder.

marron	vert	bleu
rose	noir	gris
violet	blanc	

7. À l'aide du texte, décrivez les vêtements ci-dessus.

PARLER

8. Quelles couleurs préférez-vous et de quelles couleurs sont vos vêtements en général?

> J'aime beaucoup/Je préfère le rouge.
> J'ai deux pulls rouges et un pantalon rouge à la maison.

Farben werden wie Adjektive an ihr Bezugswort angeglichen. Hier einige feminine Sonderformen:
blanc / blanche:
une jupe blanche
long / longue:
une robe longue
⚠ **marron** und **orange** sind unveränderlich:
des chaussures
marron / orange.

9. Qu'est-ce que vous mettez quand …?

En général,	quand il pleut / il fait chaud / il fait froid, pour aller au travail / à la maison / pour sortir,	je mets …

Pour aller au travail, je mets un costume et une cravate.

mettre
je mets
tu mets
il/elle/on met
nous mettons
vous mettez
ils/elles mettent

DÉCOUVRIR

10. **En groupes, rassemblez des adjectifs pour décrire les deux hommes ci-dessous.**

Jacques

Maxime

11. **Regardez les deux personnes de l'exercice 10 et corrigez les phrases. Puis continuez à comparer Jacques et Maxime.**
  – Jacques est plus jeune que Maxime.
  – La tenue de Jacques est moins élégante que la tenue de Maxime.
  – Le pantalon de Jacques est aussi long que le pantalon de Maxime.
  – Jacques est plus petit que Maxime.

Der Komparativ wird gebildet, indem man **plus, aussi** oder **moins** vor das Adjektiv setzt. Das Vergleichswort lautet **que**.

12. **Comparez les vêtements des personnes de la page 165 avec vos vêtements.**
La femme est plus élégante que moi.
…

JOUER

13. **Regardez les vêtements de votre voisin / e. Mettez-vous dos à dos et décrivez.**
Aujourd'hui, vous portez / tu portes une chemise verte et un pantalon beige …

→ AB 5, 6 (V);
8, 9, 10 (G); 13 (C)

ÉCOUTER

🎧 **14.** Écoutez. Quel est le thème principal de la chanson?

🎧 **15.** Complétez le texte à l'aide des illustrations.
Trouvez un titre à la chanson.

Du mois de septembre au mois d'août
faudrait ___
pour patauger dans la gadoue …
Une à une ___
me dégoulinent dans le dos
nous pataugeons dans la gadoue …
Vivons un peu
sous ___
d'amour et d'eau de pluie
et puis
mettons en marche
les essuie-glaces
et rentrons à Paris.
Ça nous changera pas d'ici
nous garderons ___ .
Nous retrouverons la gadoue …

Il fait un temps abominable.
Heureusement tu as ___
et ça n'empêche pas la gadoue …
Il fallait venir jusqu'ici
pour jouer les amoureux transis
et patauger dans la gadoue …
Vivons un peu
sous ___
d'amour et ___
et puis
mettons en marche ___
et rentrons à Paris.
L'année prochaine nous irons
dans un pays où il fait bon
et nous oublierons la gadoue …

Jane Birkin (1996);
Musique et Paroles:
Serge Gainsbourg, 1965

les essuie-glaces

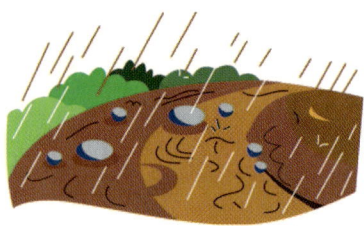

la gadoue

des bottes de caoutchouc

nos parapluies

les gouttes d'eau

eau de pluie

ton imperméable

le ciel gris-bleu

→ AB 7 (G); 12 (C)

Repères

KOMMUNIKATION

Stimmungen ausdrücken

Je suis gai/e.

Je suis déprimé/e.

Tu es fatigué/e?

Il/Elle est en forme/dynamique/triste.

Quand il fait beau/Quand il pleut,

je suis optimiste/pessimiste …

En hiver/Au printemps/En été/

En automne, je suis …

Über das Wetter sprechen

Quel temps fait-il?

Il fait chaud/froid/beau.

Il pleut/Il neige.

Il y a du brouillard/des nuages/du vent.

Le ciel est couvert.

Un orage arrive.

Vous avez du soleil?

Nous avons de la pluie depuis deux jours.

Dans le nord/l'est/l'ouest/le sud, il fait …

À Paris/Au nord de Paris, il fait …

Über Kleidung sprechen

Ce matin, je mets un pantalon/un jean noir/gris avec un pull/un tee-shirt rouge/marron …

Il porte une chemise blanche/grise/beige.

Elle met une jupe/une robe courte/longue …

Quand il pleut, nous mettons un imperméable et nous prenons un parapluie.

Quand il fait froid, je mets un manteau, une écharpe et un chapeau.

Qu'est-ce que tu mets pour l'anniversaire de Pierre?

La robe rouge est plus/moins/aussi élégante que la jupe verte.

1. **Versprachlichen Sie die Gedanken dieser Frau.**
   a. **Sie stellt fest, dass sie heute nicht in Form ist.**
   b. **Sie fragt sich, wie das Wetter ist.**
   c. **Sie stellt fest, dass der Himmel bedeckt ist.**
   d. **Sie fragt sich, was sie anziehen soll.**
   e. **Sie beschließt, eine schwarze Hose, einen grauen Pulli und eine Jacke anzuziehen.**
   f. **Sie überlegt, ob sie ihren Mantel anzieht.**
   g. **Sie beschließt, dass sie ihren Regenmantel mitnimmt (prendre).**

GRAMMATIK

Die Konjugation des unregelmäßigen Verbs mettre

je mets	nous mettons
tu mets	vous mettez
il/elle/on met	ils/elles mettent

Passé composé: j'ai mis

Die Steigerung des Adjektivs

Vergleiche werden mithilfe der Adverbien **plus**, **moins** und **aussi** ausgedrückt.
Der zweite Teil des Vergleichs wird mit **que** eingeführt.

+   Monique est plus élégante que Christine.

–   Il fait moins beau à Paris qu'à Nice.

=   La veste grise est aussi belle que la veste bleue.

2.   **Ergänzen Sie die Sätze mit der richtigen Form des Verbs *mettre*.**

1. Pour aller à la plage, les jeunes ___ des bermudas et des tee-shirts.
2. Pour aller à l'opéra, je ___ une robe élégante. Et toi, qu'est-ce que tu ___?
3. Les enfants, ___ vos manteaux, il fait froid!
4. Qu'est-ce que nous ___ ce soir pour aller au théâtre?
5. Elle ___ toujours la même robe.

3.   **Vergleichen Sie das Hotel Bellevue und das Hotel du Lac. Achten Sie auf die Zeichen +/–/=.**

1. L'hôtel Bellevue est (+) ___ grand ___ l'hôtel du Lac.
2. Il est (=) ___ confortable.
3. Mais l'hôtel du Lac est (–) ___ bruyant ___ l'hôtel Bellevue. Les chambres sont (+) ___ calmes.
4. L'hôtel Bellevue est (–) ___ cher et (+) ___ moderne ___ l'hôtel du Lac.
5. Je préfère l'hôtel du Lac parce que l'ambiance est (+) ___ agréable.

LERNTIPPS

Neuer Wortschatz ist leichter zu lernen, wenn man ihn mit konkreten Situationen oder Bildern aus dem Alltag verbindet.
In dieser *unité* könnten Sie z. B. Kleidung und Wetter miteinander in Verbindung bringen:
Aujourd'hui, il fait froid, le ciel est couvert, alors je mets mon pantalon noir et un pull rouge, mon manteau et une écharpe …
oder:
Aujourd'hui, il fait beau, il fait chaud, le ciel est bleu, alors je mets une jupe courte et un tee-shirt clair et je ne prends pas de veste/alors je mets un pantalon beige et une chemise claire/…
Ebenso könnten Sie auch die Kleidung von Menschen aus Ihrer Umgebung beschreiben:
Aujourd'hui, mon chef porte un pantalon gris …/ma collègue porte une robe longue …

EN VACANCES À LA RÉUNION

Sie lernen über Ihre Freizeit zu sprechen. Sie lernen Redemittel, um ein Auto zu mieten. Das futur composé und das Verb voir werden vorgestellt. Sie wiederholen die Frageformen.

1. **La Réunion, c'est où?**

dans l'océan … à l'est de …

2. **Regardez la carte. Où est-ce qu'on trouve les éléments suivants?**

le volcan la forêt les rivières les plages l'océan/la mer les montagnes/ les cirques	est sont	dans le sud au centre autour à l'intérieur …	de l'île

3. **Et dans votre pays, qu'est-ce qu'il y a? Où?**

- **Freizeitaktivitäten benennen**
- **Über Vorhaben sprechen**

On va bouger à la Réunion!

ÉCOUTER

1. Écoutez. De quel type de texte s'agit-il?

☐ un reportage ☐ une publicité ☐ une interview
☐ des prévisions météo ☐ une pièce de théâtre

2. Réécoutez et cochez les mots clés. De quoi parle le texte?

☐ les randonnées ☐ le volcan ☐ les cases créoles
☐ les musées ☐ la cuisine créole ☐ les hôtels
☐ les forêts tropicales ☐ la plongée

▲ La publicité parle surtout du paysage, c'est-à-dire …
■ Elle parle aussi des activités sportives et culturelles.

3. Lisez le début de l'annonce. Quel autre sens a le mot réunion?

«Réunion au sommet, réunion de travail, réunion de famille; tout le monde est toujours en réunion! … Mais … la Réunion … Vous connaissez? …»

PARLER

4. Lisez la brochure. Qu'est-ce que vous aimeriez faire?

	essayer	le canyoning/le parapente.
J'aimerais	faire une excursion	en voiture/à pied.
	visiter	la Maison du Volcan.

Um auszudrücken, was Sie gerne tun würden, können Sie den Ausdruck **j'aimerais** + Infinitiv benutzen.

La Réunion:
sports et découvertes

Sur terre:
le golf
l'escalade
le canyoning
le tennis

Dans l'eau:
la natation
le ski nautique
la plongée
le surf
la voile
la pêche

Dans les airs:
le parapente
le deltaplane

Les excursions:
en 4X4/en minibus
en VTT/à cheval/à pied
promenades en bateau

Les visites:
la Maison du Volcan
la Maison de la Vanille
le Conservatoire botanique de Mascarin

5. **Quels sont vos loisirs suivant la saison? Discutez.**

Je fais	du de la de l'	vélo, jardinage. piano. gymnastique. équitation.	Je vais	au à des	cinéma. théâtre. concerts.

En été, je fais de la natation.

faire du / de la / de l'
+ Sportart, Aktivität
oder Musikinstrument
je fais du tennis
je fais de la plongée
il fait de la guitare

voir

je vois

tu vois

il / elle / on voit

nous voyons

vous voyez

ils / elles voient

DÉCOUVRIR

6. **Lisez la carte postale.**

a. **Faites une liste des activités d'Anne et Gérard.**

b. **Woran erkennt man, dass Anne Pläne beschreibt.**

Chère Claire,

Enfin en vacances! La Réunion, c'est magnifique. On voit la mer de notre chambre. Nous sommes au paradis et nous avons plein de projets. Demain on va faire une randonnée à pied pour découvrir le paysage. Après je vais faire de la voile et Gérard va essayer le ski nautique ou l'escalade. Ensuite on va voir ... En tout cas, nous allons louer une voiture pour visiter l'intérieur de l'île.

Bises

Anne   Gérard

Claire Dubois
3, rue de l'église

76200 Dieppe

S'ENTRAÎNER

7. **À l'aide des photos, décrivez les autres projets d'Anne et Gérard à la Réunion.**

Das futur composé wird
mit den Präsensformen
des Verbs aller + dem
Infinitiv des jeweiligen
Verbs gebildet: Je vais
faire une randonnée.

8. **Et vous? Qu'est-ce que vous allez faire pendant vos vacances? Interrogez deux ou trois participants.**

→ AB 1, 2 (V); 6, 7, 8 (G);
10 (C)

- **Ein Auto mieten**
- **Informationen erfragen**

La Réunion pratique!

ÉCOUTER

9. **Quels sont les documents nécessaires pour louer une voiture à la Réunion?**

10. **Écoutez et trouvez les informations suivantes: type de voiture?/ comment rendre la voiture?**

11. **Lisez le dialogue et complétez le réseau.**

- Bonjour, Messieurs Dames.
- Bonjour, Madame, j'ai réservé une voiture au nom de Pasquier.
- Pasquier, attendez ... Ah voilà, une twingo trois portes pour une semaine; c'est bien ça?
- Oui, c'est ça. Elle est climatisée?
- Bien sûr Monsieur! ... Est-ce que je peux voir votre permis de conduire et votre carte de crédit, s'il vous plaît?
- Tenez, voilà ma carte, mon permis et le permis de ma femme.
- Alors, voici votre carte, vos permis, le reçu, les clés et les papiers de la voiture. La voiture est garée sur le parking à droite.
- Merci bien. Le plein est fait?
- Bien sûr Monsieur ... Vous devez aussi faire le plein avant de rendre la voiture; un conseil: il y a une station-service à 200 mètres d'ici, c'est moins cher!
- Merci Madame. Au revoir.
- Au revoir, Messieurs Dames, bonne route!

la 3/5 portes

la voiture

→ **AB 12 (C)**

ÉCRIRE

12. **Vous voulez des informations sur la Réunion. Vous écrivez un mél à l'office de tourisme. Mettez les phrases dans l'ordre.**

a. ☐ Est-ce qu'il est possible de réserver un hôtel par internet?

b. ☐ Avec mes remerciements.

c. ☐ Voici mon adresse: Hauptstr. 3, D- 65183 Wiesbaden

d. ☐ J'aimerais passer mes vacances à la Réunion du ... au ...

e. ☐ Gerhard Schmidt

f. ☐ Madame, Monsieur,

g. ☐ Et est-ce que vous pouvez m'envoyer de la documentation sur l'île, s'il vous plaît?

ctr@la-reunion-tourisme.com

S'ENTRAÎNER

13. **Vous êtes à l'office de tourisme de Saint-Denis. L'employée répond au téléphone et vous entendez sa conversation. Devinez les questions du client.**

● Un instant, s.v.p.! ... Office de tourisme de St-Denis, bonjour!

■ ___ ?

● Oui, Monsieur, je vous écoute... ■ ___ ?

● En avril-mai ou en septembre-octobre parce qu'il fait un temps très agréable. ■ ___ ?

● Non, le passeport n'est pas nécessaire si vous venez d'un pays de l'Union européenne, vous devez seulement apporter votre carte d'identité! ■ ___ ?

● La langue officielle est le français, mais on parle aussi le créole.

■ ___ ?

● En euros. On est en France ici, Monsieur! ■ ___ ?

● Prenez des vêtements légers, un ou deux pulls et des chaussures de randonnée!

■ ___ ?

● Non, il n'y a pas d'animaux très dangereux! ■ ___ !

● Je vous en prie. Au revoir, Monsieur. ... Bon, à nous... Vous avez aussi des questions?

🎧**14.** **Écoutez la conversation en entier et comparez avec vos résultats.**

15. **Imaginez les questions d'un Réunionnais avant ses vacances dans votre pays. Quels conseils pouvez-vous donner?**

> Combien de kilomètres /
> d'habitants ...?
> Comment est-ce qu'on ...?
> Est-ce qu'il y a ...?
> Est-ce que je ...?
> Quand ...?
> Quel / Quelle est ...?
> Quels / Quelles sont ...?
> Pourquoi ...?

INFO

Die Amtssprache auf Réunion ist französisch, untereinander sprechen viele Einheimische jedoch Kreolisch, eine Sprache, die sich aus dem Französischen der ersten Siedler und den Sprachen und Dialekten der Sklaven und Einwanderer entwickelt hat.

→ AB 4, 5 (V); 9 (G)

INFO

Réunion ist mit über 700.000 Einwohnern das bevölkerungsreichste Übersee-Departement Frankreichs. Die Einwohner sind unterschiedlichster Herkunft: Europäer, Afrikaner, Chinesen und Inder. Trotz Hilfe aus Paris bleibt die Arbeitslosigkeit (mehr als 30% im Jahr 2000) das Hauptproblem für die Insel, deren Wirtschaft zu einem großen Teil vom Rohrzuckeranbau abhängt. Mit einer gut ausgebauten Infrastruktur (80% des Straßennetzes ist asphaltiert) ist Réunion auf den sich ausweitenden Tourismus vorbereitet.

1 lassen dich träumen
2 riecht nach, duftet nach
3 Kümmel
4 Rohrzucker
5 Weißt du?
6 Blumen
7 während
8 bedeckt
9 hat reifen lassen
10 Traube

→ AB 3 (V); 11 (C); 13, 14 (AS)

JOUER

16. Jouez à deux. A reste sur cette page, B regarde la page 166.
Posez des questions à l'autre pour compléter la carte d'identité.

- Quel est le nom de l'île?
- La Réunion.

CARTE D'IDENTITÉ

Nom: ____
Date de naissance: il y a 3 millions d'années
Lieu de naissance: ____
Nationalité: française ____
Situation de famille: ____
Sexe: féminin
Taille: ____
Chef-lieu: Saint-Denis

Langues: ____

Signes particuliers:
Découverte par les Portugais (1528), colonisée par les Français (1638), occupée par les Anglais (1810–1815), l'île a changé de nom plusieurs fois. D'abord appelée île Mascareigne, elle devient l'île Bourbon en 1649, et elle s'appelle la Réunion depuis 1793.

Climat: tropical, chaud sur les côtes, plus sec à l'intérieur.

Économie: canne à sucre, tabac, thé et vanille, tourisme.

Flore et faune: arbres fruitiers (mangues, ananas ...), fleurs (géraniums, hibiscus, bougainvilliers, orchidées ...). Grande variété d'oiseaux, de papillons et de poissons. Des caméléons, pas de serpents dangereux.

♫ 17. Écoutez la chanson. Quels mots associez-vous à la Réunion?

Ça sent la banane

Je t'écris de bien loin
De mon île créole
Toi mon petit copain
De la métropole
Tu dis que là-bas, l'hiver et le froid
Te font rêver[1] de mon pays,
Alors viens donc ici.

Ça sent[2] la banane
La vanille et le cumin[3]
Le sucre de canne[4]
La mangue et le tamarin.

Sais-tu[5] qu'au mois de janvier
Les fleurs[6] sont magnifiques
Car chez nous c'est l'été
Sous les tropiques
Tandis que[7] la neige
Couvre[8] ton jardin
Ici le soleil a déjà mûri[9] le raisin[10].
Jacqueline Farreyrol, 1997

Repères

KOMMUNIKATION

Geografische Beschreibungen

La montagne est dans le nord/au centre/ à l'intérieur de l'île.

Les plages sont autour de l'île.

Ein Auto mieten

J'ai réservé une twingo trois portes pour une semaine.

Elle est climatisée.

Vous avez votre permis de conduire et une carte de crédit?

Voici les clés et les papiers de la voiture.

Le plein est fait?

Über Freizeitaktivitäten und Vorhaben sprechen

Je fais du ski nautique/du parapente.

Vous faites de la voile/de la plongée.

Je fais de l'escalade.

Tu fais du piano/de la guitare?

Je vais au cinéma.

J'aimerais faire de l'équitation.

J'aimerais essayer le canyoning.

Tu vas essayer le ski nautique?

Nous allons louer une voiture.

1. **Berichten Sie auf Französisch,**
   a. wo Ihre Stadt in Deutschland/Österreich/der Schweiz liegt.
   b. welche Sportarten Sie treiben.
   c. ob Sie ein Musikinstrument spielen. Wenn ja, welches.
   d. welche ungewöhnliche Sportart Sie gern ausprobieren würden.
   e. was Sie nächstes Wochenende unternehmen werden.
   f. dass Sie ein Auto mieten wollen. Sie möchten wissen, wie viel ein Golf mit 5 Türen und Klimaanlage für eine Woche kostet.

GRAMMATIK

Die Konjugation des unregelmäßigen Verbs voir

je vois	nous voyons
tu vois	vous voyez
il/elle/on voit	ils/elles voient

Passé composé: j'ai vu

2. **Ergänzen Sie den Text mit den richtigen Formen des Verbs *voir*.**
   1. Tu ____ là-bas, le grand bateau sur la mer?
   2. Non, je n'ai pas mes lunettes, et sans lunettes, je ne ____ rien du tout.
   3. Regardez les enfants, vous ____ les belles fleurs rouges? C'est un bougainvillier.
   4. On prend l'apéritif à la maison et ensuite on va ____ .
   5. Ils ____ la plage de leur chambre.
   6. Il y a du brouillard. On ne ____ rien.

Le futur composé

Das **futur composé** verwendet man, um ein Vorhaben in der Zukunft oder ein unmittelbar bevorstehendes Ereignis zu beschreiben. Das **futur composé** wird mit den Präsensformen des Verbs **aller** + dem Infinitiv des jeweiligen Verbs gebildet.

Je vais travailler	Nous allons manger au restaurant.
Tu vas prendre des cours de français?	Vous allez voir le dernier film de Tavernier?
Il va faire une promenade	Elles vont préparer un bon dîner.

3. **Setzen Sie die Verben in die richtige Form des *futur composé*.**

L'année prochaine, nous (passer) nos vacances à la Réunion. Les enfants (faire) de la plongée, Michel (essayer) le parapente et moi, je (visiter) Saint-Pierre et Saint-Denis. Nous (découvrir) aussi l'intérieur de l'île, nous (faire) des randonnées sur le volcan.

Die Fragewörter

Qu'est-ce que …
Quand?
Où?
Comment?
Pourquoi?
Combien de temps?
Quel / quelle / quels / quelles?

Fragen mit Fragewörtern können Sie auf dreifache Weise bilden:

1. Das Fragewort wird wie im Deutschen an den Satzanfang gestellt. Das Subjekt (Pronomen) wird dem Verb nachgestellt und durch einen Bindestrich mit diesem verbunden:
   Où habitez-vous? / Quand venez-vous?
2. Das Fragewort steht am Anfang der Frage, wird aber durch den Einschub **est-ce que** ergänzt:
   Où est-ce que vous habitez? / Quand est-ce que vous venez?
3. Das Fragewort wird ans Ende gestellt. Diese Variante ist nur in der Umgangssprache möglich.
   Vous habitez où? / Vous venez quand?

4. **Französische Freunde möchten Sie besuchen. Fragen Sie,**

   a. **wann sie ankommen werden.**

   b. **wie sie kommen, mit dem Zug oder mit dem Auto.**

   c. **warum sie ohne Kinder kommen.**

   d. **was sie besichtigen möchten.**

AUSSPRACHE

Die e-Laute

Im Französischen gibt es verschiedene e-Laute, auf deren unterschiedliche Aussprache Sie achten sollten.

[e] loué, chez, acheter; [ɛ] c'est, merci, faire; [ə] le, que, prenons

🎧 5. **Hören Sie folgende Wörter und schreiben Sie auf, um welchen e-Laut es sich handelt.**

Je voudrais ___ ; elle est ___ ; carte de crédit ___ ; essayer ___ ; qu'est-ce-que ___ ; excursion ___ ; j'achète ___ ; sucre de canne ___ ; lunettes ___ ; premier ___ .

TESTEZ-VOUS!

OPTION 3

In dieser option haben
Sie Gelegenheit,
Ihren Kenntnisstand
auf spielerische Weise
zu überprüfen.

1. Faites votre bilan avec ce jeu*.

Spielregeln:

Sie benötigen

– das Spielfeld auf den nächsten beiden Seiten
– Spielfiguren bzw. Geldstücke und Würfel

Würfeln Sie der Reihe nach und rücken Sie Ihre Spielfigur der gewürfelten
Punktzahl entsprechend vor. Beantworten Sie die Frage aus der vorgegebenen
Kategorie. Bei einer richtigen Antwort können Sie ein zweites Mal würfeln.
Markieren Sie die Felder mit den Aufgaben, die bereits gelöst worden sind.
Gewonnen hat, wer zuerst am Ziel angelangt ist.

= Auf diesem Feld finden Sie Fragen
zur Kommunikation.

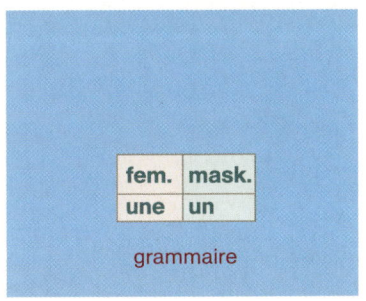

= Auf diesem Feld finden Sie Fragen
zur Grammatik.

= Auf diesem Feld finden Sie Fragen
zum Wortschatz.

= Auf diesem Feld finden Sie Fragen
zur Landeskunde.

* Spiel

DÉPART

1

Complétez:

connaître

je connais	nous ____
tu connais	vous ____
il connaît	ils ____

grammaire

2

Citez trois moyens de transports.

vocabulaire

3

La France, qu'est-ce que c'est pour vous?

communication

8

Quel est le nom de l'actrice qui joue «Amélie Poulain»?

civilisation

9

Mettez au passé composé: *Elle prend le train.*

fem.	mask.
une	un

grammaire

10

Dites autrement: 14.15 = quatorze heures quinze

vocabulaire

15

Qu'est-ce que vous prenez au petit-déjeuner?

communication

16

Donnez trois caractéristiques d'un «petit café».

civilisation

17

Complétez: Je *voudrais* ____ *croissants avec* ____ *beurre et* ____ *confiture.*

grammaire

22

Quelles sont les quatre saisons?

vocabulaire

23

Vous n'aimez pas le gâteau au chocolat de Mme Bar. Elle demande: *Encore un petit peu?* Qu'est-ce que vous répondez?

communication

24

Nommez cinq artistes français.

civilisation

29

Complétez:

voir

je vois	nous ____
tu vois	vous ____
il voit	ils ____

grammaire

30

Citez cinq couleurs de l'arc-en-ciel[3].

vocabulaire

31

Qu'est-ce que le/la professeur de français porte aujourd'hui?

communication

36

Quel statut a la Réunion en France?

civilisation

37

Mettez au futur: Ils prennent leur voiture.

fem.	mask.
une	un

grammaire

38

Citez trois éléments géographiques.

vocabulaire

1 Vergleich
2 Gegenteil
3 Regenbogen

4

Citer cinq monuments parisiens.

civilisation

5

Mettez au passé composé: *Ils vont au marché et ils achètent des fruits.*

fem.	mask.
une	un

grammaire

6

Donnez un synonyme pour *faire un tour.*

vocabulaire

7

Qu'est-ce que vous avez fait hier?

communication

11

Regardez le plan de métro à la fin du livre et expliquez comment aller de la station «Concorde» (ligne 1) à «Porte de Clignancourt.»

communication

12

Comment est-ce qu'on dit «Prost» en français?

civilisation

13

Complétez:

acheter
j' ____   nous achetons
tu ____   vous achetez
il ____   ils ____

grammaire

14

Complétez: *Je voudrais du pain: j'ai faim. Je voudrais de l'eau: j'ai ____*

vocabulaire

18

Citez quatre magasins.

vocabulaire

19

Vous ne voulez pas aller à la fête de votre voisin. Trouvez une excuse.

communication

20

Quand peut-on faire les courses en France?

civilisation

21

Faites une comparaison[1] entre Paris et votre ville.

fem.	mask.
une	un

grammaire

25

Mettez au présent: *Elle a mis sa veste.*

fem.	mask.
une	un

grammaire

26

Quel est le contraire[2] de *chaud*?

vocabulaire

27

Quel temps fait-il aujourd'hui?

communication

28

Qui a écrit «la Gadoue»?

civilisation

32

Où est la Réunion?

civilisation

33

Complétez: *Je fais ____ danse et ____ théâtre.*

fem.	mask.
une	un

grammaire

34

Dites la même chose: *Pierre est plus petit que Paul.*

vocabulaire

35

À l'office de tourisme de St-Denis, vous demandez des renseignements sur les activités sportives proposées.

communication

39

Qu'est-ce que vous allez faire après le cours?

communication

40

Quelles langues est-ce qu'on parle à la Réunion?

civilisation

41

Faites une comparaison entre les actrices Catherine Deneuve et Audrey Tautou.

fem.	mask.
une	un

grammaire

42

Citez quatre vêtements d'hiver.

vocabulaire

ARRIVÉE

BILAN

1 ÉLÉMENTS LANGAGIERS

Lisez la carte postale et cochez le mot correct.

> [1] Delphine,
>
> Je suis en vacances [2] Corse. Je suis venue [3] avion et j'ai loué
> une voiture à l'aéroport. Lundi dernier, je suis [4] à Bonifacio
> et j'ai fait [5] promenade en bateau! L'île est vraiment très [6]
> et il [7] très chaud! Je vais [8] plage tous les jours et je prends
> un cours de planche à voile. La semaine [9], je vais faire [10]
> plongée.
>
> Amitiés
>
> Suzanne

1. a chère
   b cher

2. a au
   b en

3. a à
   b en

4. a allé
   b allée

5. a une
   b des

6. a beau
   b belle

7. a est
   b fait

8. a à la
   b au

9. a prochaine
   b première

10. a de la
    b du

2 COMPRÉHENSION DE TEXTES ORAUX: PARTIE A

🎧 **Lisez d'abord la situation, puis écoutez le texte. Cochez vrai ou faux.**
Vous allez entendre le texte deux fois.

	vrai	faux
11. *Situation: À la radio, vous écoutez la météo:* Il pleut dans le nord de la France.	☐	☐
12. *Situation: À la gare. Vous allez à Paris. Vous entendez cette annonce:* Le train arrive quai numéro 6.	☐	☐
13. *Situation: Dans un grand magasin, vous entendez cette annonce:* Cette annonce est pour la mère de Maxime.	☐	☐
14. *Situation: Vous téléphonez à votre amie Réjane. Elle n'est pas là et vous entendez son répondeur:* Vous pouvez laisser un message.	☐	☐

COMPRÉHENSION DE TEXTES ORAUX: PARTIE B

🎧 **Lisez d'abord la question, puis écoutez le texte et cochez la bonne réponse.**
Vous allez entendre le texte deux fois.

15. Combien coûte le stylo?
   Il coûte ☐a 5€80
   ☐b 5€24

16. Vous pouvez épeler votre prénom, s'il vous plaît?
   Oui ☐a C.L.A.U.D.E
   ☐b C.L.O.D.E

17. Pardon, quelle heure est-il, s.v.p.?
   Il est ☐a 15h45
   ☐b 16h15

18. Combien d'étages a la tour Montparnasse?
   Elle a ☐a 59
   ☐b 49 étages

19. Tu habites à quel numéro de la rue de Paris?
   Au ☐a 143
   ☐b 134

---

3 ## RÉPONSES EN SITUATIONS: PARTIE A

🎧 **Lisez d'abord les réponses a à d. Puis écoutez. Vous allez entendre trois phrases /
questions. Reliez la phrase/question avec la bonne réponse.**
Vous allez entendre chaque phrase/question deux fois.

20.
21.
22.
   ☐a Oh, merci!
   ☐b Non, merci.
   ☐c Oui, d'accord!
   ☐d Pardon, je suis désolé/e.

RÉPONSES EN SITUATIONS: PARTIE B

🎧 **Lisez d'abord les réponses e à i. Puis écoutez. Vous allez entendre
quatre phrases/questions. Reliez la phrase/question avec la bonne réponse.**
Vous allez entendre chaque phrase/question deux fois.

23. ☐e Il est derrière l'église.
24. ☐f Elle est à moi.
25. ☐g Oui, beaucoup!
26. ☐h Non, pas aujourd'hui.
27. ☐i Un instant, s'il vous plaît.

4 COMPRÉHENSION DE TEXTES ÉCRITS: PARTIE A

Lisez les textes et les titres suivants. Choisissez le titre approprié pour chaque texte et reliez le numéro du texte avec le bon titre.

27.

Venez faire une promenade en bateau, le long de la Côte de Granit-Rose jusqu'aux Sept-Îles. Visite de l'Île aux Moines et découverte de la réserve d'Oiseaux de Mer (Île Rouzic).

a **Vacances d'été**

b Promenades en bateau

28.

Les dates des vacances scolaires sont fixées cette année du premier juillet au quatre septembre.

c Un été dans le vieux Bordeaux

d OH, LE BEAU BATEAU!

29.

Cette année, comme tous les 4 ans à Rouen, vous pouvez encore admirer et visiter les plus beaux bateaux du monde, vieux voiliers et navires de guerre.

COMPRÉHENSION DE TEXTES ÉCRITS: PARTIE B

Vous recevez ce mél de votre ami Pierre. Lisez les phrases suivantes. Cochez vrai ou faux.

J'arrive à la gare demain à 16h45. J'ai beaucoup de bagages. Peux-tu venir me chercher en voiture?
Merci beaucoup, à demain.
Pierre

	vrai	faux
30. Pierre arrive à 16h45.	☐	☐
31. Il a seulement une valise.	☐	☐
32. Il a son vélo avec lui.	☐	☐

COMPRÉHENSION DE TEXTES ÉCRITS: PARTIE C

Lisez le programme de télévision de la semaine, puis lisez les phrases et cochez la bonne réponse.

Notre sélection de programmes pour cette semaine

lundi 18h20 france**3** **Questions pour un champion**	Jeu Présenté par J. Lepers *Quatre, trois, puis deux candidats s'affrontent dans ce jeu de culture générale.*
mardi 20h55 M6 **Le zèbre**	Film (Comédie) de J. Poiret (Fr, 1992), avec T. Lhermitte et C. Cellier
mercredi 14h05 TV5 le monde en français **Urgence jeunes**	Documentaire d'E. Hamon (2001) *Cette association parisienne aide les jeunes en difficulté à retrouver un logement.*
jeudi 20h55 france**2** **L'instit: L'une ou l'autre**	Téléfilm de P. Dallet (1997), avec G. Klein *Professeur des écoles remplaçant, Victor Novak continue son tour de France.*
vendredi 22h20 arte **The Tragedy of Hamlet**	Théâtre en version originale Pièce de William Shakespeare. Adaptation, mise en scène et réalisation: P. Brook
samedi 20h50 tf1 **Tubes de toujours**	Divertissement Les plus grands tubes de la chanson française
dimanche 07h35 france**3** **Bugs Bunny et tous ses amis**	Émission jeunesse Dessins animés: Les Looney tunes; Les Tiny toons.

33. Vous aimez le cinéma français. Vous regardez la télévision …
    a mardi
    b jeudi

34. Vous cherchez un programme pour vos enfants de six et huit ans.
    Ils vont regarder la télévision …
    a mercredi
    b dimanche

35. Vous adorez le théâtre. Vous regardez la télévision …
    a lundi
    b vendredi

Erklärung der grammatischen Begriffe

Adjektiv → Eigenschaftswort. Beschreibt Personen oder Sachen: *Il est grand.* / Er ist groß.

Akzent → Im Französischen gibt es drei Akzente, die über einem Vokal stehen können: *é (accent aigu* – macht aus dem [ə] ein [ɛ]); *è (accent grave* – macht aus dem [ə] ein [ɛ]), *à, ù; ê, î, â (accent circonflexe).*

Apostroph → Auslassungszeichen. Zeigt an, dass an dieser Stelle ein Vokal ausgelassen wurde: *la + eau* → *l'eau , je + aime* → *j'aime.*

Artikel, bestimmter → Bestimmtes Geschlechtswort: *le café, la bière, l'eau, les boissons* / der Kaffee, das Bier, das Wasser, die Getränke.

Artikel, unbestimmter → Unbestimmtes Geschlechtswort: *un café, une bière, des boissons* / ein Kaffee, ein Bier, Getränke.

Artikel, zusammengezogener → Die bestimmten Artikel *le* und *les* werden mit den Präpositionen *à* und *de* zusammengezogen: *à + le* → *au; à + les* → *aux; de + le* → *du; de + les* → *des. Je vais au marché. Il fait du sport.* / Ich gehe auf den Markt. Ich treibe Sport.

Artikel, Teilungs- → Der Teilungsartikel *(du, de la, de l')* hat im Deutschen keine Entsprechung: *J'achète du pain, de la bière, de l'eau.* / Ich kaufe Brot, Bier, Wasser.

Begleiter → Ein Wort, das Nomen näher bestimmt, z.B. Artikel und Possessivbegleiter: *le livre, un livre, mon livre* / das Buch, ein Buch, mein Buch.

Endung → Teil eines Wortes, das an den Stamm des Wortes angefügt wird: die Endung *-s* für den Plural, die Endung *-e* für die weibliche Form. Bei Verben zeigt die Endung, in welcher Person ein Verb verwendet wird: *le livre – les livres* / das Buch – die Bücher; *un grand jardin – une grande maison* / ein großer Garten – ein großes Haus; *nous prenons* / wir nehmen.

feminin → weiblich

Futur composé → zusammengesetzte Zukunft: *Il va venir.* / Er wird kommen.

Hilfsverb → Ein Verb, das nicht in seiner eigentlichen Bedeutung, sondern zur Bildung einer Zeitform verwendet wird: *avoir* → *Nous avons travaillé.* / Wir haben gearbeitet. *Aller* → *Nous allons travailler.* / Wir werden arbeiten.

Imperativ → Befehlsform: *Tournez à droite.* / Biegen Sie rechts ab.

Infinitiv → Grundform des Verbs: *travailler, être* / arbeiten, sein.

Intonation → Satzmelodie. Das Heben und Senken der Stimme im Satz.

Komparativ → Steigerung des Adjektivs, wenn man Personen oder Dinge miteinander vergleicht: *Pierre est plus grand que Paul.* / Pierre ist größer als Paul.

Konjugation → Beugung. Anpassung eines Verbs an das Subjekt.

Konjunktion → Bindewort. Wörter mit denen zwei Satzteile oder zwei Sätze verbunden werden: *et* / und, *quand* / wenn, *parce que* / weil.

Konsonant → Mitlaut (b, c, d, f, g …)

Liaison → hörbare Bindung: nous‿avons, les‿amis / wir haben, die Freunde.

maskulin → männlich

Nomen → Hauptwort, Substantiv: *mon ami, la table, un café* / mein Freund, der Tisch, ein Kaffee.

Partizip Perfekt → Mittelwort der Vergangenheit, Partizip II: *Il est arrivé hier. J'ai bien mangé.* / Er ist gestern angekommen. Ich habe gut gegessen.

Passé composé → Perfekt. Zusammengesetzte Form der Vergangenheit: *Hier, nous avons visité un musée.* / Gestern haben wir ein Museum besichtigt.

Personalpronomen → Persönliches Fürwort: *Vous êtes Anne Dupuis? – Oui, c'est moi.* / Sind Sie Anne Dupuis? – Ja, das bin ich.

Plural → Mehrzahl

Possessivbegleiter → Besitzanzeigender Begleiter. Gibt den Besitz oder die Zugehörigkeit an: *ma chambre* / mein Zimmer.

Präposition → Verhältniswort. Zeigt zeitliche, räumliche und andere Beziehungen zwischen Personen oder Sachen an: *à Paris* / in Paris – *après le travail* / nach der Arbeit.

Präsens → Gegenwart. Zeitform des Verbs.

Pronomen → Fürwort. Wörter, mit denen man Nomen oder Eigennamen ersetzen kann: *Pierre est français. Il habite à Paris.* / Pierre ist Franzose. Er wohnt in Paris.

Singular → Einzahl

Stamm → Ein Verb besteht aus einem Stamm und einer Endung: *parler – nous parlons* / sprechen – wir sprechen.

Subjekt → Der Satzgegenstand, der Teil des Satzes, über den etwas ausgesagt wird: *Pierre habite à Lyon.* / Pierre wohnt in Lyon.

Stummes h → Das stumme *h* am Anfang eines Wortes bleibt lautlich unberücksichtigt. Das Wort wird so behandelt, als ob es mit einem Vokal anfangen würde: *J'habite à l'hôtel.* / Ich wohne im Hotel.

Verb → Tätigkeitswort. Verben bezeichnen Handlungen: *Pierre habite à Paris.* / Pierre wohnt in Paris.

Vokal → Selbstlaut (a, e, i, o, u, y)

1 Das Nomen und seine Begleiter

1 │ DAS NOMEN

Nomen bezeichnen Sachen oder Personen. Sie werden meistens von anderen Wörtern begleitet. Diese Wörter heißen «Begleiter».

mon ami
la table
des cafés

Im Französischen werden die Nomen klein geschrieben außer bei
– Eigennamen,
– Nationalitätsbezeichnungen,
– Länder- und Städtenamen.

Paul, Marie
un Allemand
en France, à Paris

1. Das Geschlecht der Nomen
(U2, S. 23)

Französische Nomen sind entweder maskulin oder feminin. Neutrale Nomen wie im Deutschen – z. B. *das* Kind – gibt es nicht. Im Singular erkennen Sie das Geschlecht eines Nomens immer am dazugehörigen unbestimmten Artikel.

Mask.	Fem.
le café	la pizza
un journaliste	une journaliste
un ami	une amie
l'artiste	l'artiste
l'apéritif	l'orange

TIPP

Lernen Sie die Nomen immer mit dem dazugehörigen unbestimmten Artikel.

l'ascenseur ➔ un ascenseur
l'île ➔ une île
l'hôtel ➔ un hôtel

Im Französischen werden die Ländernamen wie gewöhnliche Nomen behandelt: sie sind entweder feminin oder maskulin und haben einen Begleiter.

Mask.	Fem.
le Canada	la France
le Luxembourg	la Suisse
le Japon	l'Allemagne

> Ländernamen, die auf -e enden, sind meist feminin. Die anderen sind maskulin. Ausnahme: le Mexique

2. Nomen mit einer maskulinen und einer femininen Form
(U3, S. 31)

Wie im Deutschen verfügen einige Nomen – vor allem Berufsbezeichnungen – über eine maskuline und eine feminine Form, je nachdem ob es sich um eine Frau oder einen Mann handelt.
– Manche Nomen haben identische maskuline und feminine Formen. Das Geschlecht des Nomens kann man am Begleiter erkennen.

Mask.	Fem.
un journaliste	une journaliste
un secrétaire	une secrétaire
un artiste	une artiste

⚠ **Für einige Berufsbezeichnungen gibt es nur eine maskuline Form.**

un chef, un ingénieur, un professeur

Elle s'appelle Marie.
C'est un professeur.

– Häufig unterscheidet sich die feminine Form von der maskulinen durch die Endung -e.

Mask.	Fem.
un retraité	une retraitée
un assistant	une assistante

⚠ **Durch die Endung -e wird der im Maskulinum nicht hörbare Endkonsonant in der femininen Form ausgesprochen.**

Mask.	Fem.
un client [klijã]	une cliente [klijãt]
un voisin [vwazẽ]	une voisine [vwazin]

– Einige Nomen verfügen über besondere feminine Formen: -eur/-euse, -ien/-ienne, -er/-ère.

Mask.	Fem.
un serveur	une serveuse
un informaticien	une informaticienne
un boucher	une bouchère

3. Die Pluralbildung
(U4, S. 40)

Bei den meisten Nomen wird im Plural ein -s angehängt.

le voyage ➔ les voyages
une table ➔ des tables

Nomen, die schon auf -s oder -x enden, erhalten kein weiteres -s für den Plural.

l'ananas ➔ les ananas
un prix ➔ des prix

Besondere Pluralformen:
– Nomen auf -eau bilden den Plural mit -x.

une eau ➔ des eaux
ton cadeau ➔ tes cadeaux

– Nomen auf -al haben die Pluralendung -aux.

un animal ➔ des animaux

TIPP

Da das -s oder -x nicht ausgesprochen wird, können Sie in der gesprochenen Sprache den Plural meist nur an dem Begleiter erkennen.

mon chien ➔ mes chiens
une table ➔ des tables
un cadeau ➔ des cadeaux

⚠ **Diese Sonderformen sind wichtig, wenn Sie mehrere Personen anreden.**

Madame ➔ Mesdames
Mademoiselle ➔ Mesdemoiselles
Monsieur ➔ Messieurs

Mesdames, Mesdemoiselles, Messieurs …

2 | DER ARTIKEL

1. Der unbestimmte Artikel
(U2, S. 23; U4, S. 40)

Der unbestimmte Artikel un steht vor maskulinen Nomen im Singular, während une vor femininen Nomen im Singular steht. Des ist die Pluralform des unbestimmten Artikels für beide Geschlechter.

Mask.	Fem.	
un serveur	une serveuse	Sing.
un café	une limonade	
des serveurs	des serveuses	Pl.
des cafés	des limonades	

Vor Vokal und stummem h muss die Liaison bei des hörbar sein.
Das Schluss-s wird [z] ausgesprochen.

des‿apéritifs, des‿oranges, des‿hôtels

⚠ **Im Gegensatz zum Französischen gibt es im Deutschen keine Pluralform des unbestimmten Artikels.**

J'achète un timbre. *Ich kaufe eine Briefmarke.*
J'achète des timbres. *Ich kaufe Briefmarken.*

2. Der bestimmte Artikel
(U3, S. 31; U4, S. 40)

Le steht bei maskulinen Nomen im Singular, la bei femininen Nomen im Singular. Vor Vokal und stummem h werden le und la zu l' verkürzt.

Mask.	Fem.	
le café	la limonade	Sing.
l'hôtel	l'histoire	
l'apéritif	l'opérette	
les cafés	les limonades	Pl.
les hôtels	les histoires	
les apéritifs	les opérettes	

Les ist die Pluralform des bestimmten Artikels für beide Geschlechter.

Vor Vokal und stummem h steht immer l' im Singular, aber vor einem Konsonanten steht immer le oder la.

l'hôtel *aber* le petit hôtel, l'opérette *aber* la belle opérette
l'opéra *aber* le grand opéra, le livre *aber* l'autre livre
la réponse *aber* l'unique réponse

Vor Vokal und stummem h muss die Bindung bei les hörbar sein. Les wird [lez] ausgesprochen.

les‿hôtels, les‿histoires
les‿opérettes, les‿apéritifs

⚠ **Nicht jedes h ist im Französischen stumm! Diese Wörter sind im Wörterbuch meist mit Sternchen gekennzeichnet:**
*haut, *handicapé / e, *halles.

3. Der zusammengezogene Artikel
(U6, S. 60)

Die Präpositionen à und de werden
mit den bestimmten Artikeln le und les
zusammengezogen.

à	+	le	=	au
à	+	les	=	aux
de	+	le	=	du
de	+	les	=	des

Allez jusqu'au feu.

Pour aller aux halles, s'il vous plaît?

J'habite à côté du parc.

La poste est à côté des halles.

⚠ **Mit den Artikeln l' und la werden
à und de nicht zusammengezogen.**

Nous allons à la poste et à l'hôtel de ville.
Le musée est en face de la poste.
La cathédrale est à côté de l'hôtel.

4. Der Teilungsartikel
(U 10, S. 96)

Nach einer Mengenangabe – wie z.B.
un kilo – verwendet man de + das Nomen
ohne Artikel.
Vor Vokal und stummem h wird de zu d'
verkürzt.

un kilo de sucre *ein Kilo Zucker*
un verre de lait *ein Glas Milch*
500 grammes de champignons *500 Gramm Champignons*
une bouteille d'eau *eine Flasche Wasser*
deux tranches de jambon *zwei Scheiben Schinken*

Wenn man keine bestimmte Menge angibt,
verwendet man den Teilungsartikel.

Il achète du pain,
    de la confiture,
    de l'eau,
    des pommes.

Er kauft Ø Brot,
    Ø Marmelade,
    Ø Wasser,
    Ø Äpfel.

Der Teilungsartikel hat die gleiche Form
wie der zusammengezogene Artikel: de la,
de l', du (de + le), des (de + les)

Mask.	Fem.	
du vin	de la bière	Sing.
de l'anis	de l'eau	
des légumes	des oranges	Pl.

Unterscheiden Sie:
– der Teilungsartikel steht, wenn Menge
  und Sorte nicht präzisiert werden.
– de/d' steht, wenn eine bestimmte Menge
  angegeben wird.
– der bestimmte Artikel steht, wenn Menge
  und Sorte zwar bekannt (also bestimmt)
  aber nicht erwähnt sind.

J'achète du pain. *Ich kaufe Brot.*

J'achète un morceau de fromage. *Ich kaufe ein Stück Käse.*

J'achète le pain. *Ich kaufe das Brot.*

⚠ **Eine Verneinung wird ebenfalls als
Mengenangabe betrachtet. Sie drückt
die Menge null aus. Deswegen steht bei
der Verneinung de/d' vor dem Nomen.**

Je ne mange pas de viande. *Ich esse kein Fleisch.*

Pommes de terre

Il n'y a pas de pommes de terre.

3 DER POSSESSIVBEGLEITER

(U5, S. 51)

Possessivbegleiter drücken Zugehörigkeit oder Besitz aus.

Französische Possessivbegleiter richten sich in Geschlecht und Zahl nach dem Nomen, vor dem sie stehen.
Mon, ton, son stehen vor maskulinen Nomen im Singular, aber auch vor femininen Nomen im Singular, die mit Vokal oder stummem h beginnen.
Ma, ta, sa stehen vor femininen Nomen im Singular, die mit einem Konsonanten beginnen.

Notre, votre, leur stehen vor maskulinen und femininen Nomen im Singular.

Mes, tes, ses, nos, vos, leurs stehen vor maskulinen und femininen Nomen im Plural.

Voici ma sœur avec son mari. Et voici leurs enfants.

Mask.	Fem.		
mon livre	mon amie	ma voiture	Sing.
ton livre	ton amie	ta voiture	
(Pierre) son livre	son amie	sa voiture	
(Nadine) son livre	son amie	sa voiture	
notre livre	notre amie	notre voiture	
votre livre	votre amie	votre voiture	
leur livre	leur amie	leur voiture	

Mask.	Fem.		
mes livres	mes amies	mes voitures	Pl.
tes livres	tes amies	tes voitures	
(Pierre) ses livres	ses amies	ses voitures	
(Nadine) ses livres	ses amies	ses voitures	
nos livres	nos amies	nos voitures	
vos livres	vos amies	vos voitures	
leurs livres	leurs amies	leurs voitures	

Vor Vokal und stummem h muss die Bindung bei mes, tes, ses, nos, vos, leurs hörbar sein. Das Schluss-s wird [z] ausgesprochen.

vos‿enfants, tes‿amies, leurs‿amies

TIPP

Im Gegensatz zum Deutschen spielt das Geschlecht des «Besitzers» keine Rolle. Im Französischen richtet sich der Possessivbegleiter ausschließlich nach dem Geschlecht des Nomens, vor dem er steht.

sein Wagen: sa voiture

ihr Wagen: sa voiture

Da vous zugleich Pronomen für die Höflichkeitsform (Sie) und für die 2. Person Plural (ihr) ist, bedeutet votre *Ihr/euer, eure* und vos *Ihre/eure.*

Ce sont vos cigarettes?

Où sont vos parents?

2 Die Personalpronomen

Im Französischen werden wie auch im Deutschen Personalpronomen anstelle von Nomen verwendet. Sie können auch für Eigennamen stehen.

La maison est grande. Elle est grande.
Pierre et moi sommes en vacances. Nous sommes en vacances.

---

1 DIE SUBJEKTPRONOMEN

(U1, S. 15)

Die Subjektpronomen werden wie im Deutschen gebraucht. In Aussagesätzen steht das Subjektpronomen vor dem konjugierten Verb.

Je	m'appelle Philippe.
Tu	es Stéphane?
Il	est employé.
Elle	discute avec le technicien.
On	visite l'entreprise.
Nous	sommes étudiants.
Vous	travaillez ici?
Ils	habitent près de Paris.
Elles	travaillent chez Peugeot.

Vor Vokal und stummem h wird je zu j' verkürzt.

J'aime les animaux: j'ai trois chats.
J'habite à Lille.

Vor Vokal und stummem h muss die Bindung bei nous, vous, ils und elles hörbar sein. Das Schluss-s wird [z] ausgesprochen.

Nous‿avons des amis français.
Ils‿habitent à Paris.
Vous‿êtes Stéphanie?

Vous ist zugleich das Personalpronomen für die Höflichkeitsform Singular und Plural (Sie) und für die 2. Person Plural (ihr).

Mit vous wendet man sich an:
– mehrere Personen, die man duzt
– eine oder mehrere Personen, die man siezt

Bonjour, les enfants. Vous êtes Sophie et Jacques?
Vous êtes madame Fischer?

⚠ **Bei vous muss auf die Angleichung von Adjektiv und Partizip Perfekt (vgl. _passé composé_) geachtet werden.**

– Bonjour, Madame, bonjour, Monsieur. Vous êtes allemands?
Vous êtes arrivés en France quand?

Im Unterschied zum Deutschen gibt es im Französischen eine maskuline und eine feminine Form für die 3. Person Plural (sie). Ils steht für maskuline, elles für feminine Nomen. Für eine gemischte Gruppe wird die maskuline Form ils verwendet.

● Où habitent Pierre et Paul?
■ Ils habitent à Lille.

● Où habitent Marie et Christine?
■ Elles habitent à Nice.

● Où habitent Anne et Daniel?
■ Ils habitent à La Rochelle.

On ist ein Personalpronomen der 3. Person Singular. Im gesprochenen Französisch wird on oft in der Bedeutung von nous verwendet.

Ansonsten entspricht on dem deutschen *man*. Die Bedeutung von on erkennt man aus dem Zusammenhang.

Das Pronomen il kann auch Subjekt von unpersönlichen Verben und Ausdrücken sein. In diesem Fall entspricht il dem deutschen *es*.

Christophe et moi, on aime le sport.
Allô! Oui, on est à l'aéroport.
Au Canada, on parle français et anglais.

En France, on prend souvent l'apéritif avec ses amis.

Il pleut.   Il fait beau.   Il est huit heures.

2   DIE BETONTEN PERSONALPRONOMEN

(U1, S. 16)

TIPP

Nur die betonten Personalpronomen moi, toi, lui, eux unterscheiden sich von den Subjektpronomen. Die anderen Formen sind identisch.

	Singular	Plural
1. Person	moi	nous
2. Person	toi	vous
3. Person	lui / elle	eux / elles

Im Französischen werden die betonten Personalpronomen in folgenden Fällen verwendet:

– in Sätzen ohne Verb

  ● Qui parle français ici?
  ■ Moi!

– nach c'est

  ● Bernard, c'est toi?
  ■ Non, ce n'est pas moi, c'est lui.

– nach Präpositionen

  ● Allô, tu es chez toi?
  ■ Non, je suis avec Caroline. Je suis chez elle avec les enfants. Caroline joue avec eux.

– zur Hervorhebung des Subjekts

  ● Moi, je voudrais un thé. Et toi, tu prends un café?
  ■ Non, moi, je prends une bière.

– in Vergleichssätzen (vgl. Komparativ des Adjektivs)

Mon fils est plus grand que moi!

⚠ **Ein betontes Personalpronomen kann nicht Subjekt eines Verbs sein.**

Nous, nous allons en vacances à La Rochelle. Et vous, vous allez où?

3 Das Adjektiv

Adjektive (Eigenschaftswörter) beschreiben Personen und Sachen.

Marc est grand.
J'aime le bon pain français.

DIE ANGLEICHUNG DES ADJEKTIVS

(U5, S 52; U8, S. 76)

Adjektive werden an das Nomen oder Pronomen, das sie näher bestimmen, in Geschlecht und Zahl angeglichen.

J'aime les petites voitures.
Bonne journée!
La blanquette est délicieuse.
Le cadre est exceptionnel.

1. Die Adjektive im Singular

Die meisten Adjektive bilden die feminine Form, indem an die maskuline Form ein -e angehängt wird.
Adjektive, die schon auf -e enden, erhalten kein weiteres -e.

Mask.	Fem.
un vrai champagne	une vraie bière
un train direct	une ligne directe
mon pantalon est bleu	ma jupe est bleue
un hôtel calme	une chambre calme
il est agréable	elle est agréable
mon frère est malade	ma sœur est malade

⚠ **Durch die Endung -e wird der im Maskulinum nicht hörbare Endkonsonant in der femininen Form ausgesprochen.**

Mask.	Fem.
le grand [grã] jardin	la grande [grãd] maison
il est content [kɔ̃tã]	elle est contente [kɔ̃tãt]
le prochain [prɔʃɛ̃] train	la prochaine [prɔʃɛn] fois

Einige Adjektive verfügen über besondere feminine Formen:
– Adjektive, die auf -el, -et und -n enden, verdoppeln den Endkonsonanten.

Mask.	Fem.
un centre culturel	une activité culturelle
un bon café	une bonne eau
l'océan Indien	la cuisine indienne
un pull violet	une cravate violette

– Adjektive auf -er bilden die feminine Form auf -ère

Mask.	Fem.
il est dernier	elle est dernière
Cher Monsieur	Chère Madame

– Adjektive auf -eux bilden die feminine Form auf -euse.

un livre fabuleux	une histoire fabuleuse
mon chien est joyeux	une fête joyeuse

2. Der Plural des Adjektivs

Bei den meisten Adjektiven wird im Plural ein -s angehängt. Dieses -s wird nur geschrieben, aber nicht ausgesprochen.

Singular	Plural
le grand jardin	les grands jardins
la grande maison	les grandes maisons
il est dernier	ils sont derniers
elle est dernière	elles sont dernières

Maskuline Adjektive, die im Singular auf -s oder auf -x enden, erhalten kein weiteres -s im Plural.

Singular	Plural
un livre français	des livres français
un livre fabuleux	des livres fabuleux

Die meisten maskulinen Adjektive auf -al haben im Plural die Endung -aux. Die entsprechende feminine Form ist regelmäßig.

Singular	Plural
un musée régional	des musées régionaux
la curiosité régionale	les curiosités régionales

3. Unregelmäßige Adjektive und Sonderformen

Einige wenige Adjektive haben zwei maskuline Formen im Singular, je nachdem ob das folgende Wort mit einem Konsonanten oder Vokal bzw. stummem h beginnt.

Singular	Plural	
un **beau** livre	des beaux livres	Mask.
un **bel** ‿homme	des beaux hommes	
un **vieux** timbre	des vieux timbres	
un **vieil** ‿ami	des vieux amis	

Singular	Plural	
une belle maison	des belles maisons	Fem.
une vieille robe	des vieilles robes	
une vieille amie	des vieilles amies	

Einige Adjektive sind unveränderlich, z. B.: marron (braun) und orange (orangefarben).

Singular	Plural
un pantalon **marron**	des pantalons **marron**
une veste **marron**	des vestes **marron**

Diese unregelmäßigen Adjektive sollten Sie lernen.

Mask.		Fem.	
Singular	Plural	Singular	Plural
blanc	blancs	blanche	blanches
faux	faux	fausse	fausses
long	longs	longue	longues
gentil	gentils	gentille	gentilles
pareil	pareils	pareille	pareilles

TIPP

Wenn Sie nicht mehr wissen, wie eine Sonderform lautet, benutzen Sie einfach den Ausdruck c'est + Adjektiv (maskulin Singular).

La peinture, c'est génial!
Les vacances, c'est fabuleux.

---

2 | DIE STELLUNG DES ADJEKTIVS BEIM NOMEN

(U8, S. 75)

Die meisten Adjektive werden dem Nomen nachgestellt.

un accueil excellent
deux amies exceptionnelles

des vins français
les fruits rouges

Einige häufig gebrauchte Adjektive stehen aber in der Regel vor dem Nomen.

un grand jardin
les beaux livres
une vieille amie

une petite maison
un bon anniversaire
des/de* jeunes enfants

* Bei vorangestellten Adjektiven im Plural kann man statt des auch de benutzen.

3 DER KOMPARATIV DES ADJEKTIVS

(U11, S. 104)

Adjektive kann man steigern, wenn man Personen oder Sachen miteinander vergleichen will.

Mon appartement est moins grand que ta maison, mais il est plus beau.
Jacques est aussi grand que Pierre.

Der Komparativ wird gebildet, indem man plus/moins/aussi vor das Adjektiv setzt. Das Vergleichswort (im Deutschen *wie* oder *als*) ist immer que. Vor Vokal und stummem h wird que zu qu' verkürzt.

Pim est plus grande que Pam et Poum. ... *größer als* ...
Pam est aussi grande que Poum. ... *genauso groß wie* ...
Poum est moins grande que Pim. ... «*weniger groß*» *als* ...

Wenn im zweiten Teil des Vergleichs ein Pronomen stehen soll, kann es nur ein betontes Pronomen sein.

Regardez Pauline et Pierre. Elle est plus grande que lui.
Je suis plus jeune que toi.
Vous n'êtes pas moins élégante que moi.

⚠ **Vergessen Sie nicht, das Adjektiv dem Nomen, das es näher bestimmt, in Geschlecht und Zahl anzugleichen!**

Nos amis sont plus jeunes que nous et ils sont moins fatigués.

4 Das Verb

1 DAS PRÄSENS

1. **Die Hilfsverben avoir, être und aller**
   Die Verben avoir (haben), être (sein) und aller (gehen, fahren) gehören zu den am häufigsten gebrauchten Verben.

Nous avons une voiture.
Tu as faim? – Non, mais j'ai soif.
Pierre est marié.
C'est génial!
Après le feu, vous allez tout droit.

⚠ **Im Französischen gibt man das Alter mit dem Verb avoir an!**

Frédéric a 20 ans. *Frédéric ist 20 Jahre alt.*

Darüber hinaus werden avoir, être und aller zur Bildung der zusammengesetzten Verbformen verwendet. Man kann sie mit den deutschen Hilfsverben *haben, sein* und *werden* vergleichen.

J'ai visité le musée d'Orsay. Ensuite, j'ai fait une promenade sur les quais de la Seine. Nous sommes allés à Notre-Dame. Demain, nous allons faire une excursion en montagne. On va faire de l'escalade.

TIPP

Diese drei Verben haben eine unregelmäßige Konjugation. Am besten lernen Sie die Formen auswendig.

avoir	être	aller	
j'ai	je suis	je vais	
tu as	tu es	tu vas	
il/elle/on a	il/elle/on est	il/elle/on va	Präsens
nous avons	nous sommes	nous allons	
vous avez	vous êtes	vous allez	
ils/elles ont	ils/elles sont	ils/elles vont	

2. Die regelmäßigen Verben auf -er

Etwa 90 % aller französischen Verben haben im Infinitiv die Endung -er und sind außer aller regelmäßig. Lediglich ein paar leichte Abweichungen in der Schreibweise von einigen wenigen Verben sollte man sich nach und nach merken.

parler

je parle [parl]
tu parles [parl]
il/elle/on parle [parl]
nous parlons [parlɔ̃]
vous parlez [parle]
ils/elles parlent [parl]

Bis auf nous und vous (1. und 2. Person Plural) werden alle Personen im Präsens gleich ausgesprochen.

Einige Verben auf -er haben eine Besonderheit in der Schreibung.

– Verben auf -er mit zwei Stämmen

	préférer	acheter
je/j'	préfère	achète
tu	préfères	achètes
il/elle/on	préfère	achète
nous	préférons	achetons
vous	préférez	achetez
ils/elles	préfèrent	achètent

– Verben auf -ger und -cer

	manger	commencer
je	mange	commence
tu	manges	commences
il/elle/on	mange	commence
nous	mangeons	commençons
vous	mangez	commencez
ils/elles	mangent	commencent

– Verben auf -ayer können zwei Formen haben

	payer
je	paie/paye
tu	paies/payes
il/elle/on	paie/paye
nous	payons
vous	payez
ils/elles	paient/payent

3. Unregelmäßige Verben

Alle Verben, die keinen Infinitiv auf -er haben, sind unregelmäßig. Es sind Verben auf -oir (z.B. auch die Modalverben devoir, pouvoir, vouloir),
-tre (connaître, mettre), -dre (prendre),
-ir (venir) etc.

Die Konjugationstabelle ist auf Seite 141.

2 DIE ZUSAMMENGESETZTEN ZEITEN

1. Das *passé composé*
(U9, S. 87)

Mit dem *passé composé* drückt man aus, dass eine Handlung in der Vergangenheit geschehen ist.

Das *passé composé* wird aus der konjugierten Form eines Hilfsverbs – avoir oder être – und dem Partizip Perfekt des jeweiligen Verbs gebildet.

Die meisten Verben bilden das *passé composé* mit avoir, nur einige Verben wie z.B. aller, arriver und rester werden mit être gebildet.

Hier, Pierre est allé au musée d'Orsay. Ensuite, il a fait une promenade sur les quais de la Seine et il a admiré Notre-Dame.

aimer	aller	
j'ai aimé	je suis allé / allée	
tu as aimé	tu es allé / allée	
il a aimé	il est allé	Passé composé
elle a aimé	elle est allée	
nous avons aimé	nous sommes allés / allées	
vous avez aimé	vous êtes allé / e / allés / allées	
ils ont aimé	ils sont allés	
elles ont aimé	elles sont allées	

⚠️ **Die Hilfsverben avoir und être im *passé composé* entsprechen nicht automatisch den Hilfsverben *haben* und *sein* im deutschen Perfekt.**

J'ai tourné à droite.
Ich bin rechts abgebogen.
J'ai continué jusqu'au feu.
Ich bin bis zur Ampel weitergegangen.

Verben auf -er bilden das Partizip Perfekt auf -é.
Andere Verben haben ein unregelmäßiges Partizip – vgl. Konjugationstabelle S. 141.

aller ➔ allé, tourner ➔ tourné, continuer ➔ continué

faire ➔ fait, prendre ➔ pris, connaître ➔ connu

Wenn das *passé composé* mit avoir gebildet wird, bleibt in der Regel das Partizip Perfekt unverändert.
Wenn das *passé composé* mit être gebildet wird, verhält sich das Partizip Perfekt wie ein Adjektiv und wird dem Subjekt angeglichen.

Ils ont mangé.
Elles ont payé le voyage.

Catherine est restée chez elle.
Elles sont allées en vacances.
Ils sont arrivés hier.

Das Partizip Perfekt ist unproblematisch. Nur die Angleichung in Geschlecht und Zahl mit dem Subjekt muss in Verbindung mit être gut überlegt werden.

⚠️ **Bezieht sich das Partizip zugleich auf männliche und weibliche Personen, benutzt man die maskuline Form des Partizips.**

Stéphane et Robert: Nous sommes allés à Paris.
Stéphane et Nadine: Nous sommes allés à Paris.
Nadine et Pauline: Nous sommes allées à Paris.

Die Verneinung beim *passé composé*:
Die Verneinungswörter ne und pas umschließen nur das Hilfsverb.

● Est-ce qu'ils sont allés à Paris?
■ Non, ils ne sont pas allés à Paris.
● Est-ce que Pauline a acheté la voiture?
■ Non. Elle n'a pas acheté la voiture.

2. Das *futur composé*
(U12, S. 112)

Mit dem *futur composé* drückt man aus, dass eine Handlung in der Zukunft liegt.

L'année prochaine, on va louer une petite maison à côté de La Rochelle et on va découvrir la région à vélo.

Mit dem *futur composé* kann man ein unmittelbar bevorstehendes Geschehen beschreiben.

● Tu viens?
■ Non, je vais regarder le film à la télévision.
● Alors, salut!

Das *futur composé* wird mit einer konjugierten Form des Hilfsverbs aller und dem Infinitiv des jeweiligen Verbs gebildet.

Je vais partir demain.
Tu vas faire une promenade?
Il/Elle va louer une voiture.
Nous allons parler français.
Vous allez visiter un musée?
Elles vont prendre un café.

Mit den Verneinungswörtern ne und pas schließt man nur die konjugierte Form von aller ein.

Nadine ne va pas aller à la piscine.

---

3 | DER IMPERATIV

(U6, S. 60)

Man verwendet den Imperativ (Befehlsform), wenn man jemanden auffordern will, etwas zu tun.
Die 2. Person Plural des Imperativs wird aus der 2. Person Plural des entsprechenden Verbs gebildet. Das Subjektpronomen vous fällt weg.

Allez à gauche.
Continuez tout droit.
Prenez le métro.

Wenn man sich an eine einzelne Person, die man duzt, wendet, wird der Imperativ* aus der 1. Person Singular Präsens ohne Subjektpronomen gebildet.

J'ai chaud. Ouvre la fenêtre, s'il te plaît.
Tu vas au supermarché? Alors, achète du champagne.
Prends aussi de l'eau minérale.

*Die Singularform des Imperativs wird in Band 2 behandelt.

5 Die Präpositionen

(U6, S. 60)

Präpositionen bezeichnen das Verhältnis von Personen und Dingen zueinander.

1. Die Präpositionen des Ortes

Mit Ortspräpositionen kann man eine Richtung (Wohin?) oder einen Ort (Wo?) angeben.

aller
à Paris *nach Paris*
à la gare *zum Bahnhof*
à la maison *nach Hause*
au cinéma *ins Kino*
aux Galeries Lafayette *zu Galeries Lafayette*
chez Pauline *zu Pauline*

être
à Paris *in Paris*
à la maison *zu Hause*
au lit *im Bett*
chez Karim *bei Karim*
dans la cuisine *in der Küche*
de Paris *aus Paris*
derrière la maison *hinter dem Haus*
devant la maison *vor dem Haus*
en France *in Frankreich*
entre Paris et Nancy *zwischen Paris und Nancy*
près de Paris *in der Nähe von Paris*
sous la table *unter dem Tisch*
sur la table *auf dem Tisch*

Où sommes-nous? Nous sommes en vacances au Maroc. Notre hôtel est près de la plage. Maintenant, nous allons manger un couscous chez Karim!

2. Die Präpositionen der Zeit

Mit der Präposition à kann man Angaben zur Uhrzeit machen, mit en zur Jahreszeit.

J'arrive à six heures.
Il fait froid en hiver.

6   Der Satz

1   DER AUSSAGESATZ

Die normale Stellung der Satzteile in
einem Aussagesatz ist:
Subjekt – Verb – Ergänzung(en).
Das Subjekt steht immer vor dem Verb.

Subjekt	Verb	Ergänzungen
Charlotte	travaille.	
Christine	prend	un café avec ses amis.
Nous	arrivons	lundi.

Aussagesätze werden
mit fallender Intonation gesprochen,
d. h. man senkt die Stimme gegen
Satzende.

2   DER VERNEINTE SATZ

(U4, S. 39)
Die Verneinung besteht aus zwei Teilen:
ne … pas, ne … plus, ne … jamais.
Ne steht vor dem konjugierten Verb und
pas / plus / jamais nach dem Verb.

Il ne visite pas Lyon.
Nous n'allons jamais à l'opéra.
Il n'est pas allé à Paris.
Vous n'allez pas visiter Paris?
Elle n'habite plus là.

Vor einem Verb, das mit Vokal oder
stummem h beginnt, wird ne zu n' verkürzt.

Der unbestimmte Artikel un / une / des
wird im verneinten Satz durch de ersetzt.

● Tu as des mouchoirs en papier?
■ Désolé, je n'ai pas de mouchoirs.

Kein/e oder kein/e mehr wird durch ne …
pas de, ne … plus de ausgedrückt.

● Vous avez une cigarette?
■ Non, je n'ai plus de cigarettes.
● Vous avez acheté des pommes?
■ Non, nous n'avons pas trouvé de pommes au marché.

TIPP

**In der gesprochenen Sprache wird das ne
häufig nicht gesprochen. Es wird jedoch
immer geschrieben.**

Je (ne) fume pas, alors j' (n') ai pas de cigarettes.

3   DER FRAGESATZ

(U7, S. 68)
Man unterscheidet zwischen
Entscheidungsfragen und Teilfragen.
Auf eine Entscheidungsfrage kann man nur
mit ja oder nein antworten.

● Est-ce que tu arrives demain? (Entscheidungsfrage)
■ Oui.

Auf Teilfragen kann man nicht mit ja oder
nein antworten, man erwartet eine nähere
Auskunft, bestimmte Angaben.

● Quand est-ce que tu arrives? (Teilfrage)
■ Entre 9 et 10 heures.

1. Die Entscheidungsfrage

Sie haben mehrere Möglichkeiten, Entscheidungsfragen zu bilden:
– indem Sie einen Aussagesatz mit steigender Intonation sprechen.

Tu parles français?
Vous voulez prendre un apéritif?

– indem Sie est-ce que vor den Aussagesatz stellen. Vor Vokal und stummem h wird das que zu qu' verkürzt. Die Frage mit est-ce que kann sowohl im gesprochenen als auch im geschriebenen Französisch verwendet werden.

Est-ce que vous voulez prendre un apéritif?
Est-ce qu'il parle français?

Mit dem Fragesignal est-ce que kann man jeden Aussagesatz zum Fragesatz machen.

– indem Sie das Subjekt (meist Pronomen) dem Verb nachstellen. Diese Frageform (Inversionsfrage) wird bei festen Ausdrücken und in der geschriebenen Sprache verwendet. Das Verb und das Pronomen werden mit einem Bindestrich verbunden.

Parles-tu français?
Voulez-vous prendre un apéritif?

TIPP

Die Intonationsfrage ist die Frageform, die in der Umgangssprache am häufigsten benutzt wird.

---

2. Die Teilfrage

Auf eine Teilfrage erwartet man ganz bestimmte Angaben (z. B. die Nennung eines Ortes, eines Zeitpunkts, einer Eigenschaft usw.). Teilfragen werden mit Fragewörtern gebildet.

Teilfragen können auf dreifache Weise gebildet werden:
– indem das Fragewort an das Satzende gestellt wird. Diese Frage wird mit fallender Intonation gesprochen. Sie wird nur in der Umgangssprache verwendet.

– indem das Fragewort + est-ce que an den Anfang des Satzes gestellt wird. Vor Vokal und stummem h wird das que zu qu' verkürzt.
Die Frage mit est-ce que kann sowohl im gesprochenen als auch im geschriebenen Französisch verwendet werden.

– indem wie im Deutschen das Fragewort vor und das Subjekt (Pronomen) hinter das Verb gestellt werden. Diese Frageform (Inversionsfrage) wird bei feststehenden Ausdrücken und in der geschriebenen Sprache verwendet. Das Verb wird mit dem Pronomen durch einen Bindestrich verbunden.

Fragewörter

qu'est-ce que…?	qui…?
où…?	quand…?
comment…?	combien…?
pourquoi…?	combien de temps?
quel/quelle/quels/quelles…?	

Vous habitez où?
Ça fait combien?

Vous arrivez quand?
Vous restez combien de temps?

Où est-ce que vous habitez?
Quand est-ce qu'il arrive?
Pourquoi est-ce que vous ne venez pas?

Comment allez-vous?
Comment allez-vous au travail?
Où habitez-vous?
Comment voyagez-vous?

3. **Die Fragen mit qu'est-ce que und qui**
   – Mit qu'est-ce que...? *(Was ...?)* fragen Sie nach einer Sache.

   Qu'est-ce que vous faites comme métier?

   – Mit qui? *(wer, wen)* fragen Sie nach einer Person.

   C'est qui?

4. **Das Fragewort quel / quelle / quels / quelles**

   Das Fragewort quel ist ein Begleiter und richtet sich in Geschlecht und Zahl nach dem Nomen, zu dem es gehört.

   Quelle heure est-il?
   Quelles villes françaises est-ce que vous connaissez?
   Quelle est votre adresse?
   Quels sont les trains directs?
   Quel est votre nom?
   Quel acteur français est-ce que tu préfères?

   Vor Konsonanten werden die vier Formen quel / quels / quelle / quelles gleich ausgesprochen: [kɛl]. Vor Vokal und stummem h muss die Bindung bei quels und quelles hörbar sein. Das Schluss-s wird [z] ausgesprochen.

   Quels‿amis sont arrivés?

---

4 | DER NEBENSATZ

Hauptsätze können allein stehen. Nebensätze liefern zusätzliche Informationen. Sie sind von Hauptsätzen abhängig und stehen daher selten allein.
Anders als im Deutschen bleibt im französischen Nebensatz die Reihenfolge Subjekt – Verb – Ergänzung erhalten.

Hauptsatz
Elle est heureuse.

Hauptsatz + Nebensatz
Elle est heureuse parce qu'elle a visité Paris.

1. **Nebensätze mit parce que**
   (U5, S. 51)

   Eine Begründung kann durch einen Nebensatz mit der Konjunktion parce que *(weil)* ausgedrückt werden. Der Nebensatz mit parce que steht immer nach dem Hauptsatz.

   La famille Chabin préfère la maison parce qu'elle a un jardin.

   Vor einem Vokal wird parce que zu parce qu' verkürzt.

2. **Nebensätze mit quand**
   (U11, S. 103)

   Zeitliche Beziehungen können durch einen Nebensatz mit der Konjunktion quand *(wenn)* ausgedrückt werden.
   Ein Nebensatz mit quand kann vor oder nach dem Hauptsatz stehen.

   Quand il fait froid, je mets un manteau.
   Je mets un manteau quand il fait froid.

7 Die Zahlen

1 DIE GRUNDZAHLEN

(U2, S. 24; U4, S. 37; U7, S. 65)

 Im Unterschied zum Deutschen sind die französischen Zahlen männlich.

Schreibweise:
Zehner- und Einerzahlen werden durch einen Bindestrich verbunden, es sei denn et steht dazwischen: vingt et un, vingt-deux.
Vingt und cent haben eine Pluralform, wenn sie als letzte Zahl stehen. Folgt eine weitere Zahl, entfällt das Plural -s:
quatre-vingts aber: quatre-vingt-deux;
deux cents aber: deux cent un.
mille ist unveränderlich: dix mille.
million ist ein Nomen und wird im Plural mit -s geschrieben.

Aussprache:
– alleinstehend: 6 [sis], 8 [ɥit], 9 [nœf], 10 [dis], der Endkonsonant wird ausgesprochen
– vor Vokal oder stummem h: 6 heures [sizœr], 8 heures [ɥitœr], 9 heures [nœvœr], 10 heures [dizœr], 20 heures [vɛ̃tœr], es erfolgt eine Bindung
– vor Konsonant: 6 cafés [sikafe], 8 cafés [ɥikafe], 9 cafés [nœfkafe], 10 cafés [dikafe], 20 cafés [vɛkafe], der Endkonsonant wird nicht ausgesprochen

⚠ – 20 [vɛ̃], das t von vingt wird nur von 22–29 ausgesprochen.
– Bei femininen Nomen wird un zu une: vingt et une heures.

TIPP

Zahlen zwischen 1100 und 1999 können auf zweifache Weise gesprochen werden.
1789: mille sept cent quatre-vingt-neuf, dix-sept cent quatre-vingt-neuf
1500: mille cinq cents, quinze cents
1200: mille deux cents, douze cents

0 zéro [zero]
1 un (une) [ɛ̃] [yn]
2 deux [dø]
3 trois [trwa]
4 quatre [katr]
5 cinq [sɛ̃k]
6 six [sis]
7 sept [sɛt]
8 huit [ɥit]
9 neuf [nœf]
10 dix [dis]
11 onze [ɔ̃z]
12 douze [duz]
13 treize [trɛz]
14 quatorze [katɔrz]
15 quinze [kɛ̃z]
16 seize [sɛz]
17 dix-sept [disɛt]
18 dix-huit [dizɥit]
19 dix-neuf [diznœf]
20 vingt [vɛ̃]
21 vingt et un (une) [vɛ̃teɛ̃] [vɛ̃teyn]
22 vingt-deux [vɛ̃tdø]
23 vingt-trois [vɛ̃ttrwa]
24 vingt-quatre [vɛ̃tkatr]
25 vingt-cinq [vɛ̃tsɛ̃k]
26 vingt-six [vɛ̃tsis]
27 vingt-sept [vɛ̃tsɛt]
28 vingt-huit [vɛ̃tɥit]
29 vingt-neuf [vɛ̃tnœf]

30 trente [trɑ̃t]
40 quarante [karɑ̃t]
50 cinquante [sɛ̃kɑ̃t]
60 soixante [swasɑ̃t]
70 soixante-dix [swasɑ̃tdis]
71 soixante et onze [swasɑ̃teɔ̃z]
72 soixante-douze [swasɑ̃tduz]
73 soixante-treize [swasɑ̃ttrɛz]
74 soixante-quatorze [swasɑ̃tkatɔrz]
75 soixante-quinze [swasɑ̃tkɛ̃z]
76 soixante-seize [swasɑ̃tsɛz]
77 soixante-dix-sept [swasɑ̃tdisɛt]
78 soixante-dix-huit [swasɑ̃tdizɥit]
79 soixante-dix-neuf [swasɑ̃tdiznœf]
80 quatre-vingts [katrəvɛ̃]
81 quatre-vingt-un (une) [katrəvɛ̃ɛ̃] [katrəvɛ̃yn]
82 quatre-vingt-deux [katrəvɛ̃dø]
90 quatre-vingt-dix [katrəvɛ̃dis]
91 quatre-vingt-onze [katrəvɛ̃ɔ̃z]
92 quatre-vingt-douze [katrəvɛ̃duz]
100 cent [sɑ̃]
102 cent deux [sɑ̃dø]
200 deux cents [døsɑ̃]
201 deux cent un [døsɑ̃ɛ̃]
1000 mille [mil]
1001 mille un [milɛ̃]
2000 deux mille [dømil]
100 000 cent mille [sɑ̃mil]
1 000 000 un million [ɛ̃miljɔ̃]
2 000 000 deux millions [dømiljɔ̃]

2 DIE ORDNUNGSZAHLEN

(U6, S. 60)

Die Ordnungszahlen bildet man, indem man an die Grundzahlen die Endung -ième anhängt.
Endet die Grundzahl auf -e, fällt dieses bei der Ordnungszahl weg: onze, onzième.
Ausnahme: premier, première.
Analog zu premier, première wird dernier, dernière (letzte, r, s) gebildet.

le 1er, la 1ère	le premier / la première
le / la 2ème	le / la deuxième
le / la 3ème	le / la troisième
le / la 4ème	le / la quatrième
le / la 5ème	le / la cinquième
le / la 6ème	le / la sixième
le / la 7ème	le / la septième
le / la 8ème	le / la huitième
le / la 9ème	le / la neuvième
le / la 10ème	le / la dixième
le / la 11ème	le / la onzième
le / la 20ème	le / la vingtième
le / la 21ème	le / la vingt et unième
le / la 100ème	le / la centième

⚠ **le oder la vor huitième und onzième werden nicht zu l' verkürzt:**
la huitième, le onzième

⚠ **Im Französischen wird das Datum mit der Grundzahl angegeben.**
Ausnahme: le premier mai / avril …

le deux mai, le 3 juin, jusqu'au 31 décembre, du 4 au 21 juin, le premier janvier, le premier mai, du 1er avril au 8 mai

8 Die Uhrzeit

Wie das Deutsche unterscheidet das Französische zwischen umgangssprachlicher und offizieller Zeitangabe.

In der Umgangssprache werden die Minuten bis halb zu der vergangenen vollen Stunde dazugezählt. Ab halb werden sie von der nächsten vollen Stunde abgezogen.
Dementsprechend werden et quart und et demie zur vergangenen Stunde hinzugezählt und moins le quart von der folgenden Stunde abgezogen.
Bei Unklarheit kann man die umgangssprachliche Uhrzeit ergänzen:
von 1 Uhr bis Mittag mit du matin (morgens),
von Mittag bis 17 Uhr mit de l'après-midi (nachmittags),
von 18 Uhr bis Mitternacht mit du soir (abends).

Demie verliert das -e nach midi und minuit: midi et demi.

Die offizielle Zeitangabe erfolgt analog zum Deutschen.

Il est …		
	1h00	une heure (du matin / de l'après-midi)
	2h05	deux heures cinq
	4h15	quatre heures et quart
	6h00	six heures (du matin / du soir)
	6h25	six heures vingt-cinq
	7h30	sept heures et demie
	7h35	huit heures moins vingt-cinq
	9h45	dix heures moins le quart
	10h50	onze heures moins dix
	11h55	midi moins cinq / minuit moins cinq
	12h00	minuit / midi
	12h30	minuit et demi / midi et demi

Une heure ist ein Singular. Nach den Zahlen 2–24 steht heure im Plural und bekommt ein -s.

14h17	quatorze heures dix-sept
12h15	douze heures quinze
00h00	zéro heure
07h25	sept heures vingt-cinq

9   Konjugationstabelle

Verben auf -er

Hilfsverben avoir und être

parler

Präsens	*Passé composé*
je parle	j'ai parlé
tu parles	tu as parlé
il / elle / on parle	il / elle / on parlé
nous parlons	nous avons parlé
vous parlez	vous avez parlé
ils / elles parlent	ils / elles ont parlé

Sonderformen der Verben auf -er:
vgl. 2. Die Verben auf -er, S. 132

avoir

j'ai	j'ai eu
tu as	tu as eu
il / elle / on a	il / elle / on a eu
nous avons	nous avons eu
vous avez	vous avez eu
ils / elles ont	ils / elles ont eu

être

je suis	j'ai été
tu es	tu as été
il / elle / on est	il / elle / on a été
nous sommes	nous avons été
vous êtes	vous avez été
ils / elles sont	ils / elles ont été

Unregelmäßige Verben

aller

je vais	je suis allé / e
tu vas	tu es allé / e
il / elle / on va	il / elle est allé / e
nous allons	on est allé / s / es
vous allez	nous sommes
ils / elles vont	allé / e / s
	vous êtes allé / e / s
	ils sont allés
	elles sont allées

connaître

je connais
tu connais
il / elle / on connaît
nous connaissons
vous connaissez
ils / elles connaissent
Passé composé: j'ai connu

devoir

je dois
tu dois
il / elle / on doit
nous devons
vous devez
ils / elles doivent
Passé composé: j'ai dû

faire

je fais
tu fais
il / elle / on fait
nous faisons
vous faites
ils / elles font
Passé composé: j'ai fait

mettre

je mets
tu mets
il / elle / on met
nous mettons
vous mettez
ils / elles mettent
Passé composé: j'ai mis

pouvoir

je peux
tu peux
il / elle / on peut
nous pouvons
vous pouvez
ils / elles peuvent
Passé composé: j'ai pu

prendre

je prends
tu prends
il / elle / on prend
nous prenons
vous prenez
ils / elles prennent
Passé composé: j'ai pris

venir

je viens
tu viens
il / elle / on vient
nous venons
vous venez
ils / elles viennent
Passé composé: je suis venu (e)

voir

je vois
tu vois
il / elle / on voit
nous voyons
vous voyez
ils / elles voient
Passé composé: j'ai vu

vouloir

je veux
tu veux
il / elle / on veut
nous voulons
vous voulez
ils / elles veulent
Passé composé: j'ai voulu

WÖRTERBUCH

Wörterbuch

Das alphabetische Vokabelverzeichnis enthält den Wortschatz von *Perspectives 1*.

Die Zahlen geben an, wo die einzelnen Wörter und Wendungen zum ersten Mal vorkommen (z. B. 11/5 bedeutet *unité* 11, Übung 5, 2/A bedeutet *unité* 2, Auftaktseite).

Abkürzungen:

f. feminin
m. maskulin
Pl. Plural
ugs. umgangssprachlich
qn. quelqu'un (jemand/en)
qc. quelque chose (etwas)
jdn jemanden
jdm jemandem
etw. etwas
* kennzeichnet Verben, die das *passé composé* mit *être* bilden

A

à bis 1/A; in 3/A; *hier:* entfernt 5/8; **à bientôt** bis bald 8/9; **à côté de** neben 6/7; **à demain** bis morgen 1/A; **à deux** zu Zweit 8/6; **à droite** rechts 6/A; **à gauche** links 6/A; **à l'aide de** mithilfe von 11/7; **à la française** nach französischer Art 8/7; **à la maison** zu Hause 3/A; **à pied** zu Fuß 7/A; **à rayures** mit Streifen 11/6
abricot *m.* Aprikose 10/A
absent/e abwesend 10/7
accepter qc etw. annehmen, akzeptieren 7/1
accueil *m.* Empfang 8/7
acheter qc etw. kaufen 10/1
acteur/trice *m. f.* Schauspieler/in 9/11
action *f.* Aktion 9/8; **film d'action** *m.* Actionfilm 9/8
activité *f.* Tätigkeit 6/13
addition *f.* Addition 7/10; Rechnung (*im Café, Restaurant*) 7/15
adéquat/e passend 8/9
admirer qc etw. bewundern 9/3
adorer qc/qn jdn/etw. (über alles) lieben, sehr gerne haben 4/A
adresse *f.* Adresse 7/4
adulte *m. f.* Erwachsene/r 5/9
aéroport *m.* Flughafen 7/7
affaires *f. Pl.* Geschäfte, Unternehmen 9/14
affirmation *f.* Aussage, Behauptung 9/3
agence *f.* Agentur 5/9

agenda *m.* Terminkalender, (Taschen-) Kalender 2/8
agir: il s'agit de es handelt sich um 12/1
agréable angenehm 6/3
aider qn jdm helfen 6/5
aimer qn/qc jdn/etw. mögen, lieben 4/A; **aimer bien** gern mögen 4/1; **j'aimerais** ich möchte 10/11
air *m.* Luft 12/4
ajouter qc etw. hinzufügen 7/10
Allemagne *f.* Deutschland 3/1
Allemand/e *m. f.* Deutsche/r 3/8
allemand *m.* Deutsch 8/3
aller* gehen, fahren, fliegen 6/10; **aller retour** *m.* Hin- und Rückfahrt 7/1; **aller simple** *m.* einfache Fahrt 7/1
allô hallo (nur am Telefon) 2/1
alors also, dann 2/5
alphabet *m.* Alphabet 8/3
alternative *f.* Alternative 8/7
amateur (de nature) *m.* (Natur-)Liebhaber/in 6/13
ambiance *f.* Atmosphäre, Stimmung 8/7
ami/e *m. f.* Freund/in 5/A
amitiés *f. Pl.* mit freundlichen Grüßen (*Briefschluss*) 8/9
amour *m.* Liebe 9/8; **histoire d'amour** *f.* Liebesgeschichte 9/8
an *m.* Jahr 5/A
ananas *m.* Ananas 10/3
Anglais/e *m. f.* Engländer/in 12/16
Angleterre *f.* England 7/9
animal *m.* (*Pl.* animaux) Tier 4/A; **animal domestique** Haustier 5/13
année *f.* Jahr 8/5
anniversaire *m.* Geburtstag 10/1
annonce *f.* Anzeige, Annonce 8/7
août *m.* August 8/5
apéritif *m.* Aperitif 2/A
appartement *m.* Wohnung 5/9
appel *m.* Anruf 8/5
appeler qn/qc jdn rufen 7/13, jdn/etw. nennen 12/16; **s'appeler*** heißen 1/2; **je m'appelle** ich heiße 1/2; **Comment vous vous appelez?** Wie heißen Sie? 3/8; **Tu t'appelles comment?** Wie heißt du? 3/8
apporter qc etw. mitbringen 10/7
approprié/e geeignet 8/5
après nach 6/1
après-midi *m.* Nachmittag 11/4
aquarium *m.* Aquarium 6/8
arabe arabisch 9/A
arbre *m.* Baum 8/7; **arbre fruitier** Obstbaum 12/16
architecte *m. f.* Architekt/in 3/8

architecture *f.* Architektur 6/3
arriver* (an)kommen 7/1
art *m.* Kunst 4/5
artisan *m.* Handwerker/in 9/14
artiste *m. f.* Künstler/in 3/6
ascenceur *m.* Aufzug 5/16
assez ziemlich 4/1
assistant/e *m. f.* Assistent/in 3/1
associer qc etw. verbinden 12/17
assortiment de *m.* Auswahl, Sortiment von 8/14
atelier de production *m.* Produktionsstätte 3/1
attendre qn/qc auf jnd/etw. warten; **tu attends** du wartest 9/3; **attendez** warten Sie 12/10
au bord de am Rand von 5/9
au centre de in der Mitte von 12/A
au revoir auf Wiedersehen 1/A
aujourd'hui heute 5/A
aussi auch 2/5; **aussi ... que** so ... wie 11/11
authenticité *f.* Echtheit 8/7
automne *m.* Herbst 11/A
autour um ... herum 12/A
autre andere/r/s 4/5; **les autres** die anderen 7/15; **autre chose** *f.* etwas anderes 10/5
Autriche *f.* Österreich 7/9
autrichien/ne österreichisch 3/8
Autrichien/ne *m. f.* Österreicher/in 3/8
avant vor 6/1
avantage *m.* Vorteil 6/3
avec mit 2/5
avenue *f.* Allee 6/1
avion *m.* Flugzeug 7/A
avoir haben 4/9; **avoir faim** Hunger haben 10/11; **avoir lieu** stattfinden 9/8; **avoir soif** Durst haben 10/11; **il y a** es gibt 5/11
avril *m.* April 8/5

B

bacon *m.* Speck 8/14
bagage *m.* Gepäck 7/7
balcon *m.* Balkon 5/8
banane *f.* Banane 10/3
bande dessinée *f.* Comic 4/14
bar *m.* Bar 2/8
basket *m.* Basketball 4/3
bateau *m.* Schiff, Boot 12/4
beau/belle schön 8/1, **il fait beau** das Wetter ist schön 11/1
Beaux-Arts *m. Pl.* die schönen Künste 6/7

beaucoup sehr; viel 4/1; **beaucoup de** viele 10/6

beige beige 11/6

bermuda *m.* Bermudashorts 11/6

beurre *m.* Butter 8/14

bibliothèque *f.* Bibliothek 9/A

bien gut 2/A; **bien sûr** selbstverständlich 6/1; **aimer bien** gern mögen 4/1

bientôt bald 8/9; **à bientôt** bis bald 8/9

bienvenue Willkommen 3/1

bière *f.* Bier 2/8

billet *m.* Fahrkarte, Flugticket 7/1

bip *m.* Piepton 10/7

bise *f.* Küsschen 1/7

blanc/blanche weiß 2/10

blanquette de veau *f.* Kalbsgeschnetzeltes 10/1

bleu/e blau 11/6

boire qc etw. trinken; **ils boivent** sie trinken 8/13

boisson *f.* Getränk 2/10

boîte *f.* Dose 10/4

bon/ne gut; **bonne journée** schönen Tag 2/5; richtig 8/1

bonheur *m.* Glück 5/18

bonjour guten Morgen, guten Tag 1/A

bonsoir guten Abend 1/A

bord *m.* Rand 5/9; **au bord de** am Rand von 5/9

boucher/ère *m. f.* Metzger/in, Fleischer/in 10/1

boucherie *f.* Fleischwaren; Metzgerei, Fleischerei 10/A

bougainvillier *m.* Bougainvillea (*Pflanze*) 12/16

bouger *hier:* sich bewegen 12/1

boulanger/ère *m. f.* Bäcker/in 8/14

boulangerie *f.* Bäckerei 8/14

boules *f. Pl.* Boule (*französisches Kugelspiel*) 4/7

boulevard *m.* Boulevard 3/16

bouteille *f.* Flasche 2/8

boutique *f.* Boutique, Laden, Geschäft 1/16

bref kurz, knapp 11/6

bricolage *m.* Heimwerken, Basteln 4/5

briquet *m.* Feuerzeug 4/9

brochure *f.* Broschüre 12/4

brouillard *m.* Nebel 11/1; **il y a du brouillard** es ist nebelig 11/1

bruyant/e laut 8/1

buffet *m.* Büfett 8/13

bulletin *m.* Bericht 11/4

bureau *m.* Büro 3/A

bus *m.* Bus 7/A

C

ça das, dieses 1/7; **c'est ça** so ist es, genau 1/7; **ça va** es geht 2/10

cadeau *m.* Geschenk 10/7

cadre *m.* Lage, Umgebung 8/7

café *m.* Kaffee; Café, Bar, Kneipe 2/A; **café crème** Milchkaffee 9/14

cafétéria *f.* Cafeteria 3/2

calme ruhig 8/A

caméléon *m.* Chamäleon 12/16

camping *m.* Camping, Campingplatz 8/7

Canada *m.* Kanada 7/9

canne à sucre *f.* Zuckerrohr 12/16

caractéristique *f.* (typisches) Merkmal, Charakteristikum 8/7

carafe *f.* Karaffe 2/A

caravane *f.* Wohnwagen 8/7

carte *f.* Karte 2/10; **carte bancaire** Bank-, Kreditkarte 7/1; **carte d'embarquement** Bordkarte 7/7; **carte d'identité** Personalausweis 12/13; **carte postale** Postkarte 4/8; **carte de téléphone** Telefonkarte 4/8

cas: en tout cas auf jeden Fall 12/6

case *f.* Hütte 12/2

cathédrale *f.* Kathedrale, Dom 6/3

cave *f.* Keller 10/1

ce, cette dieser, diese 8/5; 12/16

célèbre berühmt 9/9

célibataire ledig 5/A

cendrier *m.* Aschenbecher 1/16

centime *m.* Eurocent 10/A

centre *m.* Zentrum 6/A; Mitte 12/A; **au centre de** in der Mitte von 12/A; **centre ville** Stadtmitte 8/A

céréales *f. Pl.* Müsli, Haferflocken, Cornflakes, Getreide 8/13

c'est-à-dire das heißt 12/2

cette diese 12/16

chaise *f.* Stuhl 2/A

chalet *m.* Chalet 8/7

chambre *f.* Zimmer 5/8; **chambre d'hôtes** Gästezimmer (*Bed and Breakfast*) 8/7; **chambre simple** Einzelzimmer 8/2

champagne *m.* Champagner 10/1

chance *f.* Glück 11/4

changer umsteigen 7/1; (sich) verändern 9/9; **changer qc** etw. ändern 8/13; **changer de qc** etw. wechseln 8/6

chanson *f.* Chanson, Lied 4/3

chanter singen 12/4

chapeau *m.* Hut 2/8

chaque jede/r/s 11/A

charcuterie *f.* Wurst(waren) 8/13; Metzgerei 10/A

chat *m.* Katze 4/A

chaud/e heiß, warm 8/13; **il fait chaud** es ist warm 11/1

chauffeur *m.* Fahrer/in 9/3

chaussure *f.* Schuh 11/6

chef-lieu *m.* Hauptstadt (*eines Departements*) 12/16

chemin *m.* Weg 9/11

chemise *f.* Hemd 11/6

cher/ère teuer 4/13; liebe/r/s 8/9

chercher qn/qc jdn/etw. suchen 5/8

cheval *m.* Pferd 12/4

chez bei 2/10

chien *m.* Hund 2/8

chiffre *m.* Ziffer, Zahl 7/11

chocolat *m.* Schokolade 1/16

choisir: choisissez wählen Sie 9/2

chose *f.* Sache, Ding 10/5

ciel *m.* Himmel 11/1

cigarette *f.* Zigarette 1/16

cimetière *m.* Friedhof 9/A

cinéma *m.* Kino 4/A

clair/e hell 11/6

classe *f.* Klasse 7/1

classique klassisch 4/A

clé *f.* Schlüssel 8/1

client/e *m. f.* Kunde, Kundin 7/15

clientèle *f.* Kundschaft 10/13

climat *m.* Klima 12/16

climatisé/e klimatisiert 12/10

coin *m.* Ecke 9/14

collection *f.* Sammlung 4/8; Kollektion 11/6

collectionneur/euse *m. f.* Sammler/in 4/8

collègue *m. f.* Kollege/Kollegin 9/14

colocation *f.* Wohngemeinschaft 5/13

coloniser qc etw. kolonisieren 12/16

combien wie viel 4/13; **ça fait combien?** wie viel macht das? 7/1; **combien de** wie viel/e 5/9

comédien/ne *m. f.* Schauspieler/in 3/6

commander qc etw. bestellen 7/15

comme als 3/8; wie 9/14

commencer beginnen 8/10

comment wie 2/1

commentateur/trice *m. f.* Kommentator/in 11/6

commerçant/e *m. f.* Kaufmann/frau 9/14

compagnie aérienne *f.* Fluggesellschaft 7/8

comparer qc/qn avec/à qc/qn etw./jdn mit etw./jdm vergleichen 9/14

compléter qc etw. ergänzen 7/3

comprendre verstehen 6/4

compris/e inbegriffen, inklusiv 8/1; **non compris** nicht inbegriffen 8/1

compter sur qn/qc sich auf jdn/etw. verlassen, mit jdm/etw. rechnen 10/9

comptoir *m.* Schalter 7/7; Theke 9/9

concert *m.* Konzert 4/7

confirmer qc etw. bestätigen 8/5

confiture *f.* Marmelade 8/13

confort *m.* Komfort 8/A

confortable gemütlich, bequem 5/9

connaître qn/qc jdn/etw. kennen 9/3

conseil *m.* Rat 12/10

conserve *f.* Konserve 10/A

consommer qc etw. verbrauchen, etw. zu sich nehmen 8/12

content/e zufrieden 8/10

continuer weitergehen 6/1; **continuer à faire qc** etw. weiter machen 11/11

contre gegen 8/13; **par contre** aber, dagegen, jedoch 4/11

convenance *f.* Belieben 8/14

conversation *f.* Gespräch 7/3

copain/copine *m. f.* Freund/Freundin 5/1

corbeille *f.* Korb 8/14

correspondance *f.* Anschluss 7/1

correspondant/e entsprechend 9/4; **correspondant à qc** *hier:* die einer Sache entsprechen 8/13

corriger qc etw. verbessern 7/7

costume *m.* Anzug 11/9

côté *m.* Seite 7/7; **à côté de** neben 6/7

côte *f.* Küste 6/13

couchette *f.* Liegewagen 7/4

couleur *f.* Farbe 11/6

cours *m.* Unterricht 9/11

courses *f. Pl.* Einkauf 10/A

court/e kurz 11/6

coûter kosten 8/1

couvert/e bedeckt 11/1

cravate *f.* Krawatte 2/8

crème: crème brûlée Milch-Eierspeise 9/9; **crème fraîche** Crème fraîche 10/1

crémerie Milchprodukte; Milch- und Käsegeschäft 10/A

créole kreolisch 12/2

critère *m.* Kriterium 8/A

croissant *m.* Croissant 8/13

cueillette *f.* Pflücken 11/A

cuisine *f.* Küche 4/5

culturel/le kulturell 6/3

curiosité *f.* Sehenswürdigkeit 9/2

D

d'abord zuerst 11/6

d'accord einverstanden 4/13; **mettez-vous d'accord** einigen Sie sich 9/6

d'après nach 7/11

d'aujourd'hui von heute 5/A

dangereux/euse gefährlich 12/13

dans in 3/A

danse *f.* Tanz, Tanzen 4/A

date *f.* Datum 8/7; **date de naissance** Geburtsdatum 12/16; **date d'ouverture** Öffnungszeit 8/7

de von 2/A, aus 3/1; **de quoi** wovon 12/2

de temps en temps ab und zu 10/A

dé *m.* Würfel 9/12

début *m.* Anfang

décaféiné koffeinfrei 8/14

décembre *m.* Dezember 8/5

décider beschließen 5/9

déclarer qc etw. erklären 9/9

décor *m.* Dekor 9/9

découvert/e entdeckt 12/16

découverte *f.* Entdeckung 12/4

découvrir qc etw. entdecken 1/9

décrire qc etw. beschreiben 11/10; **décrivez** beschreiben Sie 9/9

degré *m.* Grad 11/4

déjà schon 9/A

déjeuner *m.* Mittagessen 9/14

délicieux/euse köstlich 10/11

demain morgen 1/A; **à demain** bis morgen 1/A

demander qc um etw. bitten 7/15; nach etw. fragen 9/1

demi: un demi *m.* Glas Bier vom Fass 9/9

dentiste *m. f.* Zahnarzt/Zahnärztin 3/8

départ *m.* Abfahrt 7/5

déprimé/e deprimiert 11/A

depuis seit 9/3; seitdem 9/11

dernier/ère letzte/r/s 11/6

derrière hinter 6/1

descendre* aussteigen 9/1; **vous descendez** Sie steigen aus 9/1

désolé/e: être désolé/e Leid tun 6/4

dessert *m.* Nachtisch 10/1

destin *m.* Schicksal 9/8

détester qn/qc jdn/etw. hassen 4/2

devant vor 6/1

devenir* werden 12/16

deviner qc etw. erraten 9/8

devoir müssen 7/1; **devoir qc à qn** jdm etw. schulden 10/5

dialogue *m.* Dialog 7/13

dictionnaire *m.* Wörterbuch 4/9

différence *f.* Unterschied 8/3

dimanche *m.* Sonntag 8/5

dîner *m.* Abendessen 1/16

dire qc à qn jdm etw. sagen; **il/elle dit** er/sie sagt 2/14; **c'est-à-dire** das heißt 12/2

direct/e direkt 7/1; **en direct** direkt/live übertragen 11/6

direction *f.* Richtung 9/1

discuter diskutieren 3/4; **discuter de la pluie et du beau temps** über Gott und die Welt sprechen 9/14

divorcé/e geschieden 5/A

document *m.* Dokument 12/9

documentation *f.* Informationsmaterial 12/12

donc also 6/1

donner geben 7/13; **donner sur qc** auf etw. hinausgehen 8/1

dossier *m. hier:* Bericht 5/A

double Doppel- 8/1

douche *f.* Dusche 8/10

droite: à droite rechts 6/A

durer dauern 12/12

dynamique dynamisch 6/3

E

eau *f.* Wasser 2/A; **eau minérale** Mineralwasser 2/A

échange *m.* Austausch 5/16

échanger qc etw. austauschen 11/5

écharpe *f.* Schal 11/3

école *f.* Schule; **école de langues** Sprachschule 3/A

économie *f.* Wirtschaft 12/16

économique sparsam, wirtschaftlich 8/7

écouter qc/qn etw. hören, jdm zuhören 1/1

écrire qc à qn jdm etw. schreiben 2/6

église *f.* Kirche 6/3

élégant/e elegant, fein, geschmackvoll 11/11

élément *m.* Element 12/A

élève *m. f.* Schüler/in 5/1

embrasser qn jdn umarmen, küssen 9/7

employé/e *m. f.* Angestellte/r 3/1

en in 3/1; *hier:* aus 4/9; mit 7/A; **en entier** ganz 12/14; **en face (de)** gegenüber (von) 5/9; **en forme** fit 11/A; **en général** in der Regel, meistens 7/A; **en haut de** oben an 8/2; **en liquide** in bar 8/1; **en perspective** in Aussicht 11/4; **en plus** außerdem 11/1; **en revanche** hingegen 8/13; **en tout cas** auf jeden Fall 12/6; **en voyage** auf Reisen, unterwegs 7/A

enchanté/e sehr erfreut, angenehm 1/2

encore noch 4/8

endroit *m.* Ort 9/9

enfant *m. f.* Kind 5/A

enfin schließlich 6/13; endlich 9/3

ensemble *m.* Einheit 6/3

ensuite danach 6/A

entier/ère ganze/r/s, **en entier** ganz 12/14

s'entraîner* üben, trainieren 1/4

entre zwischen 6/7

entrée *f.* Eingang 5/16; Vorspeise 10/1

entreprise *f.* Unternehmen 3/1

environ circa 4/11

envoyer qc à qn jdm etw. schicken 12/12

épeler qc etw. buchstabieren 8/1

épicerie *f.* Lebensmittel 10/A; Lebensmittelgeschäft 9/9

équitation *f.* Reiten 4/5; **faire de l'équitation** reiten 12/5

escalade *f.* Klettern 12/4

escalier *m.* Treppe 8/1

Espagne *f.* Spanien 7/9

espérer hoffen 11/1

essayer de faire qc versuchen etw. zu tun 9/8; **essayer qc** etw. (aus)probieren 12/4

est *m.* Osten 11/4

et und 1/7

étage *m.* Etage, Stockwerk 5/8

état d'âme *m.* Stimmung, Gemütszustand 11/A

États-Unis *m. Pl.* USA 7/9

été *m.* Sommer 11/A

étoile *f.* Stern 8/7

étranger *m.* Ausland 10/13

être sein 1/4

étudiant/e *m. f.* Student/in 3/8

euro *m.* Euro 4/13

événement *m.* Ereignis 10/9

excellent/e hervorragend 8/7

exceptionnel/le außergewöhnlich 8/7

excursion *f.* Ausflug 12/4

excuse *f.* Entschuldigung 10/7

s'excuser* sich entschuldigen; **excusez-moi** entschuldigen Sie bitte 6/A

exemple *m.* Beispiel 10/A; **par exemple** zum Beispiel 11/6

exercice *m.* Übung 11/11

expression *f.* Ausdruck 9/3

expresso *m.* Espresso 7/4

F

fabuleux/euse fabelhaft 9/8

face: en face (de) gegenüber (von) 5/9

faire qc *etw.* machen 6/3; **faire la connaissance de qn** jdn kennen lernen 9/11; **faire les courses** einkaufen 10/A; **faire le plein** volltanken 12/10; **faire un tour** eine Runde drehen 9/3; **ça fait combien?** wie viel macht das? 7/1; **il fait beau** das Wetter ist schön 11/1; **il fait chaud** es ist warm 11/1; **il fait froid** es ist kalt 11/1; **font** *hier:* ist gleich, macht 2/14

famille *f.* Familie 5/A; **situation de famille** Familienstand 5/A, **en famille** im Familienkreis 5/1

fatigué/e müde 11/A

faune *f.* Fauna 12/16

faux/fausse falsch 3/2

féminin/e weiblich, Frauen- 11/6

femme *f.* Frau 3/7; Ehefrau 5/A; **femme au foyer** Hausfrau 3/7

fenêtre *f.* Fenster 7/7

fermé/e geschlossen 10/6

fête *f.* Fest 1/16

fêter qc etw. feiern 10/9

feu *m.* Ampel 6/1

février *m.* Februar 8/5

fiche *f.* Zettel 4/5; **fiche d'inscription** Anmeldeformular 4/5

filiale *f.* Filiale 3/1

fille *f.* Tochter, Mädchen 5/A

film *m.* Film 9/8; **film d'action** Actionfilm 9/8

fils *m.* Sohn 5/A

fin *f.* Ende 9/1; **en fin de** am Ende von 11/4

fleur *f.* Blume 11/A

flore *f.* Flora 12/16

fois *f.* Mal; **encore une fois** noch einmal 10/7

fontaine *f.* Brunnen 4/1

foot(ball) *m.* Fußball 4/A

forêt *f.* Wald 12/A

forme *f.* Form 8/9; **en forme** fit 11/A

former qc etw. bilden 6/3

formidable wunderbar 11/4

formule *f. hier:* Angebot 8/7

foule *f.* Menge 9/3

foyer *m.* Haushalt 3/7

frais/fraîche frisch 8/14

Français/e *m. f.* Franzose/Französin 4/2

français/e französisch 3/8; **à la française** nach französischer Art 8/7

France *f.* Frankreich 6/3

frère *m.* Bruder 5/1

frite *f.* Pommes frites 7/14

froid/e kalt 8/10; **il fait froid** es ist kalt 11/1

fromage *m.* Käse 7/7; **fromage blanc** Quark 8/14

fruit *m.* Obst 8/14

fruits de mer *m. Pl.* Meeresfrüchte 6/13

G

gai/e froh 11/A

garder qc etw. bewahren 9/9

gare *f.* Bahnhof 6/1

garer parken 12/10

gâteau *m.* Kuchen, Torte 10/1

gauche: à gauche links 6/A

génial/e genial, super 9/3

gens *m. Pl.* Leute 4/14

gentil/le nett 6/4

géranium *m.* Geranie 12/16

gourmet *m.* Feinschmecker/in 6/13

goût *m.* Neigung, Geschmack 4/A

goûter qc etw. probieren 8/7

gramme *m.* Gramm 10/A

grand/e groß 5/9

grand-mère *f.* Großmutter 9/8

graphiste *m. f.* Grafiker/in 3/1

Grèce *f.* Griechenland 7/9

grippe *f.* Grippe 10/7

gris/e grau 11/6

groupe *m.* Gruppe 7/15

guichet *m.* Schalter 7/1

guitare *f.* Gitarre 12/5

gymnastique *f.* Gymnastik 12/5

H

habitant/e *m. f.* Bewohner/in 9/14

habiter wohnen 3/8

habitué/e *m. f.* Stammgast 9/14

halles *f. Pl.* Markthalle 6/7

handicapé/e behindert 7/4

haut: en haut de oben an 8/2

hébergement *m.* Unterkunft 8/7

heure *f.* Uhr 7/1; Uhrzeit 7/5

hibiscus *m.* Hibiskus 12/14

hier gestern 9/7

histoire *f.* Geschichte 6/3; **histoire d'amour** Liebesgeschichte 9/8

hiver *m.* Winter 11/A

homme *m.* Mann; **homme/femme d'affaires** Geschäftsmann/frau 9/14

horaire *m.* Fahrplan 7/3; **horaires** *m. Pl.* Öffnungszeiten 8/13

hôtel *m.* Hotel 3/11; **hôtel de ville** Rathaus 6/3

humour *m.* Humor 3/6

hypothèse *f.* Hypothese 9/1

I

ici hier 3/1

idéal/e ideal 8/7

il y a es gibt 5/1

île *f.* Insel 3/17

illustration *f.* Illustration 11/15

imaginer qc sich etw. ausdenken, sich etw. vorstellen 9/13

immobilier/ère Immobilien- 5/8

imperméable *m.* Regenmantel 11/3

important/e wichtig 8/A

indien/ne indisch 12/A

informaticien/ne *m. f.* Informatiker/in 3/1

information *f.* Information 8/6

ingénieur *m.* Ingenieur/in 3/1

inscription f. Anmeldung 4/5
instant m. Moment 2/1
institut m. Institut 9/A
intégrer qc etw. integrieren 11/5
intéressant/e interessant 6/3
intérieur m. Landesinnere, Innere(s) 12/A
internet m. Internet 4/A
interroger qn jdn fragen 12/8
interview f. Interview 4/3
inverser qc etw. umdrehen 7/11
invitation f. Einladung 10/7
invité/e m. f. Gast 10/11
inviter qn jdn einladen 10/9

J

jamais nie 4/11
jambon m. Schinken 7/7
janvier m. Januar 8/5
Japon m. Japan 7/9
japonais/e japanische/r/s 10/13
jardin m. Garten 5/8
jardinage m. Gartenarbeit 4/5; **faire du jardinage** gärtnern 12/5
jaune gelb 11/6
jazz m. Jazz 4/3
jean m. Jeans 11/6
jeudi m. Donnerstag 8/5
jeune jung 9/8; m. f. Jugendliche/r 10/1
jouer spielen 1/3
jour m. Tag 8/A
journaliste m. f. Journalist/in 3/A
journée f. Tag 2/5; **bonne journée** schönen Tag 2/5; **toute la journée** den ganzen Tag 5/1
joyeux/eus fröhlich 10/7
juillet m. Juli 8/5
juin m. Juni 8/5
jupe f. Rock 11/6
jus m. Saft 2/A
jusqu'à bis 6/9
juste nur 10/11
justifier qc etw. rechtfertigen 8/11

K

kilo m. Kilo 10/A
kilomètre m. Kilometer 5/8

L

là da 2/1
lait m. Milch 10/A
lancer qc etw. werfen 9/12
langue f. Sprache 3/A; **école de langues** Sprachschule 3/A
large breit 11/6
lecture f. Lesen 4/5
léger/ère leicht 10/1
légume m. Gemüse 8/14
lettre f. Buchstabe 8/3; Brief 10/9

libre frei 8/1
lieu m. Ort 12/16; **avoir lieu** stattfinden 9/8
ligne f. Linie 9/1
limonade f. Limonade 2/A
liquide m. Bargeld; **en liquide** in bar 8/1
lire qc etw. lesen 2/5; **lisez** lesen Sie 8/7
liste f. Liste 10/6
lit m. Bett 8/1
littérature f. Literatur, Belletristik 4/A
livre m. Buch 4/9
local/e örtlich 8/7
location f. Vermietung 5/8
logement m. Unterkunft 5/13
loin (de) weit weg (von) 6/8
loisir m. Freizeit, Freizeitaktivität 4/A
long/gue lang 11/6
longtemps lange 9/3
louer qc etw. mieten 12/6
lundi m. Montag 8/5
lunettes f. Pl. Brille 4/8; **lunettes de soleil** Sonnenbrille 11/3
lycée m. Oberstufe des Gymnasiums 9/11

M

Madame f. (Pl. **Mesdames**) Anrede für eine Frau 1/A
Mademoiselle f. (Pl. **Mesdemoiselles**) Anrede für eine junge Frau 1/1
magasin m. Geschäft 3/A
magazine m. Zeitschrift 9/14
magnifique wunderbar 12/6
mai m. Mai 8/5
maigre mager 8/14
mais aber 3/8
maison f. Haus 3/A
maître m. (Grundschul-)Lehrer 2/14
mal schlecht 4/1
malade krank 10/7
malheureusement leider 10/7
maman f. Mama, Mutti 5/1
manger qc etw. essen 7/7
mangue f. Mango 12/16
manteau m. Mantel 11/3
marcher funktionieren 8/10
mardi m. Dienstag 8/5
mari m. Ehemann 5/A
marié/e verheiratet 5/A
maritime maritim 6/8
Maroc m. Marokko 7/9
marron braun 11/6
mars m. Mars 8/5
masculin/e männlich, Männer- 11/6
match m. Spiel 9/14
matin m. Morgen 8/5
matinée f. Vormittag, Morgen 10/10; **faire la grasse matinée** bis in die Puppen schlafen 10/10

mécontent/e unzufrieden 8/10
médecin m. Arzt/Ärztin 3/6
mél m. Email 12/12
melon m. Melone 8/14
même gleiche/r/s 5/9; sogar 10/6
menu m. Menü 8/13
mer f. Meer 4/14
merci danke 2/A
mercredi m. Mittwoch 8/5
mère f. Mutter 5/2
message m. Nachricht 10/7
Messieurs Dames m. Pl. meine Damen und Herren 2/8
météo meteorologisch 11/4; f. Wetterbericht, -vorhersage 11/4
métier m. Beruf 3/8
mètre m. Meter 5/16; **mètre carré** m. (m²) Quadratmeter 5/16
métro m. U-Bahn 7/A
mettre qc etw. anziehen 11/9
midi m. Mittag 10/10
miel m. Honig 8/14
mille tausend 5/9
millier m. Tausend 6/3
million m. Million 7/10
mini- Mini- 7/6
minute f. Minute 4/2
miroir m. Spiegel 4/9; **miroir de poche** Taschenspiegel 4/9
mode f. Mode, Trend 5/13; **à la mode** modisch 5/13
modèle m. Modell 7/11
modem m. Modem 8/A
moderne modern 4/5
moins ... que weniger ... als 11/6
mois m. Monat 8/5
moment m. Moment 10/7
monde m. Welt 9/A
monnaie f. hier: Geld; **pièce de monnaie** f. (Geld-)Münze 4/8
monoparental/e hier: alleinerziehend 5/1
Monsieur m. (Pl. **Messieurs**) Anrede für einen Mann 1/A
montagne f. Berg 12/A
montre f. Armbanduhr 4/8
monument m. Denkmal 6/3
morceau m. Stück 10/4
mort/e tot, verstorben 5/6
mot m. Wort 8/6
mots croisés m. Pl. Kreuzworträtsel 4/5
mouchoir m. Taschentuch 4/9
moulin m. Mühle 9/9
moyen de transport m. Verkehrsmittel 11/A
municipal/e kommunal 8/7
musée m. Museum 6/3
musicien/ne m. f. Musiker/in 3/6
musique f. Musik 1/16

N

naissance *f.* Geburt 12/14
natation *f.* Schwimmen 12/4
nationalité *f.* Nationalität 12/14
nature *f.* Natur 4/A; Natur-, pur 8/14
naturel/le natürlich 9/11
ne ... plus nicht mehr 10/1
né/e geboren 9/11
nécessaire nötig 7/7
neige *f.* Schnee 11/A
neiger schneien 11/1
net/te netto 8/14
noir/e schwarz 9/14; **petit noir** *m. ugs.*
    kleiner schwarzer Kaffee 9/14
nom *m.* Name 3/8
nombre *m.* Zahl 7/10
non nein 1/2; nicht 5/2; **non compris**
    nicht inbegriffen 8/1; **non-fumeur**
    Nichtraucher- 8/A
nord *m.* Norden 11/4
normand/e normannisch 10/13
note *f.* Hotelrechnung 8/12; Notiz 9/1;
    prendre des notes Notizen machen
    9/1
noter qc etw. aufschreiben, etw. notieren
    7/5
novembre *m.* November 8/5
nuage *m.* Wolke 11/1; **il y a des nuages**
    es ist wolkig 11/1
nuit *f.* Nacht 8/A
nul/le schlecht, nichts wert 4/1
numéro *m.* Nummer 7/12

O

occuper qc etw. besetzen 12/16
océan *m.* Ozean 12/A
octobre *m.* Oktober 8/5
œuf *m.* Ei 8/13; **œuf à la coque**
    weichgekochtes Ei 8/14; **œuf au plat**
    Spiegelei 8/14; **œuf brouillé** Rührei
    8/14; **œuf poché** pochiertes Ei 8/14
office de tourisme *m.* Verkehrsamt 6/A
officiel/le offiziell 12/13
oiseau *m.* Vogel 12/16
omelette *f.* Omelett 8/14
opéra *m.* Oper 4/7
opérette *f.* Operette 4/5
optimiste optimistisch 11/A
orage *m.* Gewitter 11/1
orange *f.* Orange 2/A
orchidée *f.* Orchidee 12/16
ordinateur *m.* Computer 5/1
ordre *m.* Reihenfolge 7/A
organiser qc etw. organisieren 10/9
original/e originell 4/1
ou oder 4/8
où wo 3/A
ouest *m.* Westen 11/4

oui ja 1/2
ouvert/e geöffnet, offen 8/A
ouverture *f.* Öffnung 8/7
ouvrier/ère *m. f.* Arbeiter/in 9/14
ouvrir öffnen, aufmachen; **(ils) ouvrent**
    sie öffnen 9/14

P

page *f.* Seite 8/6; **page d'écriture** *hier:*
    Rechenstunde 2/14
pain *m.* Brot 8/13
pantalon *m.* Hose 11/6
papa *m.* Papa, Vati 5/A
papier *m.* Papier 4/9; **papiers** Papiere
    12/10
papillon *m.* Schmetterling 12/16
paquet *m.* Packung 10/4
par *hier:* mit 8/1; **par contre** aber,
    dagegen, jedoch 4/11; **par personne**
    pro Person 8/1; **par téléphone**
    telefonisch 8/1
paradis *m.* Paradies 12/16
parapente *m.* Paragliding,
    Gleitschirmfliegen 12/4
parapluie *m.* Regenschirm 11/3
parc *m.* Parkanlage 6/7
parce que weil 5/A
pardon Entschuldigung 2/1
pareil/le gleich 10/13
parents *m. Pl.* Eltern 5/A
parking *m.* Parkplatz 5/16
parler sprechen 1/6
parole *f.* Wort 11/6
partager qc etw. teilen 10/1
partenaire *m. f.* Partner/in 4/5
participant/e *m. f.* Teilnehmer/in 12/8
particulier/ère besondere/r/s 12/16
pas *m.* Schritt 9/9; **sur les pas de** auf den
    Spuren von 9/9
pas du tout überhaupt nicht 4/1
passeport *m.* Reisepass 12/13
passer qc etw. verbringen 8/7; etw.
    weitergeben 11/6; **passer à qc** zu etw.
    übergehen 11/4
pâté *m.* Pastete 10/1
pâtes *f. Pl.* Nudeln 10/A
pâtisserie *f.* Konditorei 10/6
patron *m.* Wirt/in; Chef/in 9/9
payer bezahlen 7/7
pays *m.* Land 7/9
paysage *m.* Landschaft 12/2
pêche *f.* Angeln 4/5
peinture *f.* Malerei 6/13
pendant während 12/8
penser à qc/qn an etw./jdn denken 11/A
père *m.* Vater 5/2
permis de conduire *m.* Führerschein
    12/10

personnage *m.* Figur 9/8
personne *f.* Person 5/9
perspective *f.* Aussicht, Perspektive 11/4
pessimiste pessimistisch 11/A
petit/e klein 5/9
petit-déjeuner *m.* Frühstück 8/1
peu wenig 9/14; **un peu** ein bisschen
    9/14; **un tout petit peu** ein ganz
    klein bisschen 10/11
pharmacie *f.* Apotheke 10/11
pharmacien/ne *m. f.* Apotheker/in 3/8
photo *f.* Foto 4/A
phrase *f.* Satz 9/12
piano *m.* Klavier 12/5
pièce *f.* Münze 4/8; Zimmer 5/9; **pièce de**
    monnaie *f.* Geldmünze 4/8; **pièce de**
    théâtre Theaterstück 12/1
pied *m.* Fuß 7/A
pique-nique *m.* Picknick 10/6
piscine *f.* Swimmingpool, Schwimmbad
    5/8
place *f.* Platz 6/A; Sitz 7/7; **place du**
    marché Marktplatz 6/7
plage *f.* Strand 5/8
plaisir *m.* Vergnügen 10/8; **se faire**
    plaisir sich eine Freude machen 8/13
plan Plan 9/1
plat du jour *m.* Tagesgericht 9/14
plein *m.* Tankfüllung 12/10; **faire le plein**
    voll tanken 12/10
plein de voller 12/6
pleut: il pleut es regnet 11/1
plongée *f.* Tauchen 12/2; **faire de la**
    plongée Sporttauchen 12/5
pluie *f.* Regen 9/14; **Après la pluie, le**
    beau temps! Auf Regen folgt
    Sonnenschein. 11/2
plus mehr 9/9; **en plus** außerdem 11/1;
    plus ... que mehr als 11/6
plusieurs mehrere 8/7
plutôt eher 5/13
poche *f.* Tasche 4/9; **miroir de poche**
    m. Taschenspiegel 4/9
point *m.* Punkt 11/5
poisson *m.* Fisch 6/13
policier *m.* Krimi 9/8
politique *f.* Politik 3/6
pomme *f.* Apfel 7/14
pomme de terre *f.* Kartoffel 10/5
pont *m.* Brücke 6/A
populaire *hier:* Arbeiter-, Volks- 9/9
port *m.* Hafen 6/3; **port de pêche**
    Fischereihafen 6/3; **port de plaisance**
    Jachthafen 6/3
portable *m.* Handy 2/8
porte *f.* Gate, Flugsteig 7/7; Tür 12/10
porte-clés *m.* Schlüsselanhänger 4/8
porter qc etw. tragen 11/6

porto *m.* Portwein 2/8

Portugais/e *m. f.* Portugiese/Portugiesin 12/16

poser des questions Fragen stellen 7/A

possibilité *f.* Möglichkeit 5/11

possible möglich 8/1

poste *f.* Post(amt) 6/7

pot *m.* Glas 10/A

pour für 2/8; um ... zu 6/1; nach 7/1

pour cent Prozent 5/1

pourquoi warum 4/2

pouvoir können 7/1; **vous pouvez** Sie können 6/1

pratique praktisch 1/8

précisé *hier:* angegeben 5/2; **non précisé** nicht angegeben 5/2

préféré/e bevorzugt 8/13

préférer qc etw. bevorzugen 5/9

premier/ère erste/r/s 6/1

prendre qc etw. nehmen 6/1; **prendre des notes** Notizen machen 9/1

prénom *m.* Vorname 4/5

préparer qc etw. vorbereiten 7/6

près de in der Nähe von 3/8

présenter qn/qc à jdm/etw. vorstellen 11/4; **se présenter*** sich melden 7/7

pressé/e gepresst 8/14

pression *f.* Bier vom Fass 2/10

prêt/e bereit 12/2

prêter qc à qn jdm etw. leihen 10/12

prévision *f.* Vorhersage 11/4

prévoir qc etw. vorhersagen 11/4

prier: je vous en prie bitte schön 6/4

principal/e Haupt- 9/8

printemps *m.* Frühling 11/A

prise *f.* Steckdose 8/A; **prise modem internet** Internetanschluss 8/A

prix *m.* Preis 5/9

problème *m.* Problem 7/3; **pas de problème** kein Problem 7/13

prochain/e nächste/r/s 7/1

production *f.* Produktion 3/1; **atelier de production** *m.* Produktionsstätte 3/1

produit *m.* Produkt 10/6

professeur *m.* Lehrer/in 3/A

programme *m.* Programm 9/6

projet *m.* Vorhaben 12/7

promenade *f.* Spaziergang 4/A

promotion *f.* Sonderangebot 10/A

prononcer qc etw. aussprechen 1/14

proposer qc etw. anbieten 8/7

propre sauber 8/A

publicité *f.* Werbung 1/16

puis dann 6/Λ

pull *m.* Pulli 11/3

Q

quai *m.* Bahnsteig 1/16; Ufer 9/3

qualité *f.* Qualität 8/13

quand wenn 8/13

quantité *f.* Menge 10/6

quartier *m.* Viertel 9/8

que dass; der/die/das (Relativpronomen) 10/13

qu'est-ce que ...? was ...? 4/A

quel/quelle/quels/quelles welche/r/s 7/4

quelque chose etwas 7/7

quelques einige 10/6

quelqu'un jemand 7/11

question *f.* Frage 7/A

qui wer 1/7; die (Relativpronomen) 8/13

R

radio *f.* Radio 4/6

randonnée *f.* Wanderung 12/2

ranger *hier:* wegräumen 11/4

rap *m.* Rap 4/7

rappeler qn jdn zurückrufen 5/9

rayon *m.* Abteilung 10/A

rayure *f.* Streifen 11/6; **à rayures** mit Streifen 11/6

réaction *f.* Reaktion 8/11

réalisateur/trice *m. f.* Regisseur/in 9/11

réception *f.* Empfang 8/1

réceptionniste *m. f.* Empfangschef/in 8/12

recette *f.* Rezept 10/11

reconstituer qc etw. zusammensetzen 8/12

reçu *m.* Quittung 12/10

rédaction *f.* Redaktion 3/A

regarder qc etw. anschauen 7/4

région *f.* Region 8/7

régional/e regional 8/7

remerciement *m.* Dank 12/12

rempart *m.* Stadtmauer 6/8

rencontre *f.* Begegnung 1/A

rendre qc etw. zurückgeben 12/9

renseignement *m.* Auskunft 6/13

rentrer* *hier:* nach Hause kommen 11/1

repas *m.* Mahlzeit 10/1

répéter qc etw. wiederholen 2/14

répondeur *m.* Anrufbeantworter 10/7

répondre: répondez antworten Sie 7/A

réponse *f.* Antwort 8/1

reportage *m.* Reportage 12/1

reprendre qc noch etwas nehmen 10/11

RER (Réseau Express Régional) *m.* S-Bahn in Paris und Umgebung 9/1

réservation *f.* Reservierung 8/5

réserver qc etw. reservieren 7/1

restaurant *m.* Restaurant 3/A

rester* bleiben 8/13

résultat *m.* Ergebnis 11/4

retard *m.* Verspätung 10/7

retourner* zurückkehren 11/4

retraité/e *m. f.* Rentner/in 3/1

retrouver qn jdn wiedertreffen 9/14

réunion *f.* Versammlung, Konferenz 12/3

Réunionnais/e *m. f.* Einwohner/in von La Réunion 12/15

revoir: au revoir auf Wiedersehen 1/A

rez-de-chaussée *m.* Erdgeschoss 5/8

rien: de rien nichts zu danken 6/A

rivière *f.* Fluss 12/A

riz *m.* Reis 10/A

robe *f.* Kleid 11/6

rôle *m.* Rolle 8/6

rond-point *m.* Kreisel 6/1

rose rosa 11/6

rosé *m.* Roséwein 7/14

rouge rot 2/10

rouge à lèvres *m.* Lippenstift 4/9

route *f.* Straße 12/10; **bonne route** gute Fahrt 12/10

rue *f.* Straße 3/13; **rue piétonne** Fußgängerzone 6/13

S

sac *m.* Tasche 4/9

saison *f.* Jahreszeit 8/14

salade *f.* Salat 2/A

salle à manger *f.* Esszimmer 5/8

salle de bains *f.* Badezimmer 5/8

salon *m.* Salon, Wohnzimmer 5/8; **salon nautique** Bootsmesse 6/9

salut hallo; tschüss 1/A

samedi *m.* Samstag 8/6

sans ohne 4/11

santé *f.* Gesundheit *hier:* Prost 10/11

satellite *m.* Satellit 8/A

satisfait/e zufrieden 8/10

sauce *f.* Soße 10/1

saucisse *f.* Würstchen 8/14

saucisson *m.* Wurst(aufschnitt) 10/A

savoir wissen: **vous savez** Sie wissen 4/8; **je ne sais pas** ich weiß nicht 6/4

scandale *m.* Skandal 5/17

scène *f.* Szene 7/A

sec/sèche trocken 12/16

secret *m.* Geheimnis 10/11

secrétaire *m. f.* Sekretär/in 3/A

séjour *m.* Wohnzimmer 5/16; Aufenthalt 8/1

sélection *f.* Auswahl 8/14

selon je nach 8/14

semaine *f.* Woche 5/9

sens *m.* Bedeutung 12/3

s'entraîner* üben, trainieren 1/4

septembre *m.* September 8/5

serpent *m.* Schlange 12/16
serveur/euse *m. f.* Kellner/in 2/8
service *m.*: **à votre service** bitte schön 5/9
servir: je vous sers encore de …? Darf ich Ihnen noch etwas geben? 10/11
seul/e allein 5/13
seulement erst 7/3; nur 7/7
sexe *m.* Geschlecht 12/16
si wenn, falls 7/7
signe *m.* Merkmal 12/16
s'il vous plaît bitte 2/A
simple einfach 6/A
sinon sonst 10/1
site *m.* Gebiet 8/7
situation *f.* Situation 10/8; **situation de famille** Familienstand 5/A
ski nautique *m.* Wasserski 12/4
sobre schlicht 11/6
société *f.* Gesellschaft 2/1
sœur *f.* Schwester 5/1
soir *m.* Abend 9/14
soleil *m.* Sonne 11/1
solution *f.* Lösung 8/7
sommet *m.* Gipfel 12/3
sondage *m.* Meinungsumfrage 4/2
sortie *f.* *hier*: Besuch einer kulturellen Veranstaltung 4/5
sortir qc etw. herausbringen; **sortez** holen Sie … heraus 11/4
souhaiter wünschen 8/7
souvent oft 5/1
spécialité *f.* Spezialität 8/7
sport *m.* Sport 4/A
sportif/ive sportlich 12/2
stand *m.* Stand 10/6
station *f.* Haltestelle 1/16
station service *f.* Tankstelle 12/10
studio *m.* Studio, Einzimmerwohnung 5/16
stylo *m.* Füllfederhalter 4/8
succès *m.* Erfolg 9/9
sucre *m.* Zucker 10/A
sud *m.* Süden 11/4
Suisse *m. f.* Schweizer/in 3/8
suisse schweizerisch 3/8
Suisse *f.* Schweiz
suite à im Anschluss an 8/5
suivant/e folgende/r/s 7/9; je nach 12/5
suivre qn/qc jdm./etw. folgen; **suivez** folgen Sie 9/1
supermarché *m.* Supermarkt 3/10
sur über 4/2; an 5/1; auf 6/A
sûr/e sicher 12/2; **bien sûr** selbstverständlich 6/1
surf *m.* Surfen 12/4
surprise *f.* Überraschung 10/7
surtout vor allem 6/13
symbole *m.* Symbol 8/6

T

tabac *m.* Tabak 12/16
table *f.* Tisch 2/A
tableau *m.* Tafel 7/11; Gemälde 11/A
tablette *f.* Tafel 10/A
taille *f.* Größe 12/16
tard spät 7/1
taxi *m.* Taxi 9/4
tchao ugs. tschüss 1/A
technicien/ne *m. f.* Techniker/in 3/A
tee-shirt *m.* T-Shirt 11/6
télé *f.* Fernsehen, Fernseher 9/14
téléphone *m.* Telefon 4/8
téléphonique telefonisch 7/3
télévision *f.* Fernsehen 4/A
température *f.* Temperatur 11/4
temps *m.* Wetter 9/14; Zeit 10/1; **Après la pluie, le beau temps!** Auf Regen folgt Sonnenschein. 11/1; **de temps en temps** ab und zu 10/A; **il fait un temps de chien** Sauwetter 11/5
tendance *f.* Tendenz 4/8
tenez *hier*: bitte 12/10
tennis *m.* Tennis 4/A
tente *f.* Zelt 8/7
tenue *f.* Kleidung 11/6
terminus *m.* Endstation 9/1
terrasse *f.* Terrasse 5/8
terre *f.* Erde 12/4
texte *m.* Text 11/7
thé *m.* (schwarzer) Tee 2/A
théâtre *m.* Theater 3/6
thème *m.* Thema 11/14
timbre *m.* Briefmarke 4/8
tirer qc etw. ziehen 9/12
titre *m.* Titel 11/15
toilettes *f. Pl.* Toilette 5/8
tomate *f.* Tomate 2/10
toujours immer 6/5
tour *m.* Runde 9/3; **faire un tour** eine Runde drehen 9/3; **À qui le tour?** Wer ist dran? 10/5
tour *f.* Turm 9/A
tourisme *m.* Tourismus 8/7
touriste *m. f.* Tourist/in 6/3
tourner abbiegen 6/A; **tourner qc** etw. drehen 9/9
tous les jede/r/s; alle 6/13
tout alles 10/1
tout de suite sofort 9/11
tout droit gerade aus 6/A
tout le monde alle 9/14
tout petit peu *m.* ein ganz klein bisschen 10/11
toute la journée den ganzen Tag 5/1
train *m.* Zug 1/16
traiteur *m.* Partyservice 10/1
tranche *f.* Scheibe 10/4

transport *m.*: **moyen de transport** Verkehrsmittel 7/A
travail *m.* Arbeit 4/14
travailler arbeiten 3/8
traverser qc etw. überqueren 6/A
très sehr 2/1
triste traurig 11/A
trop zu, zuviel 4/13
tropical/e tropisch 9/3
trouver qc etw. finden 4/5
type *m.* Art 12/1

U

un peu ein bisschen 9/14; **un peu de** etwas von 10/11
Union européenne *f.* Europäische Union 12/13
unique einzigartig 6/3
universitaire Universitäts- 6/3
université *f.* Universität 9/11

V

vacances *f. Pl.* Ferien 5/8
valise *f.* Koffer 7/7
vanille *f.* Vanille 12/14
variété *f.* Vielfalt 12/16
veau *m.* Kalb 10/1
veille *f.* Vortag 9/14
vélo *m.* Fahrrad 7/A; **faire du vélo** Fahrrad fahren 12/5
vendeur/euse *m. f.* Verkäufer/in 3/A
vendredi *m.* Freitag 8/5
venir kommen 9/3; 10/7
vent *m.* Wind 11/1; **il y a du vent** es ist windig 11/1
véranda *f.* Veranda 5/9
vérifier qc etw. überprüfen 9/3
véritable echt 10/13
verre *m.* Glas 2/A
vers gegen 9/14
vert/e grün 8/7
veste *f.* Jacke 11/6
vêtement *m.* Kleidungsstück 11/6
veuf/veuve verwitwet 5/A
viande *f.* Fleisch 10/A
vie *f.* Leben 7/15
vieux/vieille alt 6/3
vif/vive kräftig 11/6
village *m.* Dorf 4/14
ville *f.* Stadt 5/13
vin *m.* Wein 2/8; **vin blanc** Weißwein 2/10; **vin rosé** Roséwein 7/14; **vin rouge** Rotwein 2/10
violet/te lila 11/6
visiter qc etw. besichtigen 3/1
vite schnell 9/11
vocabulaire *m.* Wortschatz 7/8
voici hier ist… 5/A

voilà da ist 3/1; **la voilà** da ist sie 7/7

voile *f.* Segeln 12/4; **faire de la voile** segeln 12/6

voir siehe 8/6; **voir qc/qn** etw./jdn sehen 12/6; **voyons …** Schauen wir mal … 5/9

voisin/e *m. f.* Nachbar/in 7/15

voiture *f.* Auto 4/A; **voiture-restaurant** Speisewagen 7/1

vol *m.* Flug 7/9

volcan *m.* Vulkan 12/A

volontiers gern 10/11

vouloir qc etw. wollen 7/4; **vouloir faire qc** etw. machen wollen 7/4; **je voudrais** ich möchte 2/A; **il voudrait** er möchte 8/1

voyage *m.* Reise 4/A; **en voyage** auf Reisen, unterwegs 7/A

voyager reisen 7/A

vrai/e wahr 3/2

vraiment wirklich 8/10

vtt (vélo tout terrain) *m.* Mountainbike 12/4

W

week-end *m.* Wochenende 8/7

Y

yaourt *m.* Joghurt 8/13

Z

zéro *m.* null 1/14

UNITÉ 1: **RENCONTRES**

Übung 15, S. 14

1. – Pardon! Où est la sortie, s'il vous plaît?
2. – Mes amis. À votre santé!
   – Santé!
   – Viens Papa!
3. – Bonjour, Madame, je voudrais deux cents grammes de chocolat, s'il vous plaît.
   – Merci, Madame. Au revoir et bonne journée!
4. – C'est délicieux! ...
   – Vous désirez un dessert? ...
5. – Vite, vite, le train arrive ...
   – Attention: Quai numéro 3, le train ...
6. – L'addition, s'il vous plaît!

où = wo; la sortie = Ausgang

mes amis = meine Freunde
à votre santé = zum Wohl viens = komm

je voudrais = ich hätte gerne
deux cent grammes = 200 Gramm;
s'il vous plaît = bitte schön;
bonne journée = einen schönen Tag

Vous désirez un dessert? = Wünschen Sie einen Nachtisch?

vite = schnell; arrive = kommt an

l'addition = Rechnung

UNITÉ 2 **ÇA VA?**

Übung 11, S. 21

zéro, un, deux, trois, quatre, cinq, six, sept, huit, neuf, dix, onze, douze, treize, quatorze, quinze, seize

Übung 13, S. 21

– Bonjour.
– Bonsoir, Madame.
– Comment allez-vous?
– Grazie.
– Ça va?
– Entschuldigung.
– Un croque-monsieur ... trois euros, s'il vous plaît.
– Voilà.
– Un jus d'orange!
– Un instant!
– Un coca, une bière et un café ... 8 euros 10, s'il vous plaît.
– You're welcome.

grazie = danke (*italienisch*)

euros = Euro

voilà = Bitte sehr

you're welcome = bitte schön (*englisch*)

Übung 14, S. 22

Deux et deux quatre
quatre et quatre huit
huit et huit font seize ...
Répétez! dit le maître

Deux et deux quatre
quatre et quatre huit
huit et huit font seize.
Répétez! dit le maître
...

Jacques Prévert, *Paroles,* Éditions Folio, 2000

Repères · Übung 3, S. 24

1. C'est vous?
2. C'est moi.
3. Ah, vous êtes Madame Péchin!
4. Oui, c'est ça.
5. Vous allez bien?
6. Pardon?
7. À demain?
8. Au revoir.
9. Ça va?
10. Ça va.

UNITÉ 3 VOUS TRAVAILLEZ OÙ?

Auftaktseite · Übung 1, S. 25

1. RFI, il est 20h30, les informations, Patrick Martin.
2. ▲ Alors, 10 euros s'il vous plaît.
   ● Voilà.
   ▲ Merci, au revoir, Madame.
3. Une salade, une pizza fromage et deux jus de pomme pour la table 14.
4. Société Ventout, bonjour.
5. On a un problème avec la machine 20.
6. Répétez: je m'appelle …

Übung 16, S. 30

une, bureau, journaliste, Mulhouse, Bouvet, Dupont, production, bienvenue, discute, vous, voulez, Stuttgart, musicien, musique, humour, Kouchner, où, Zurich, étudiante, supermarché, Luc, tu, nous, Moulin, Buffet, rue, boulevard, Jouveneaux, Toulouse.

UNITÉ 4 GOÛTS ET LOISIRS

Übung 1, S. 34

▲ Et voilà la statue!
● Super, j'aime beaucoup. Et toi, Vincent?
■ Oui, j'aime bien. C'est original.
● Ah non, moi, je n'aime pas!
▼ Hum … c'est pas mal, j'aime assez! … Et vous, les enfants?   les enfants = Kinder
■ Heu! C'est nul! J'aime pas du tout.

Übung 2, S. 34

▲ Bonjour, Monsieur, vous avez cinq minutes?
● Oui, pourquoi?
▲ C'est pour un sondage sur les goûts des Français. Qu'est-ce que vous aimez?
● Eh bien, j'aime beaucoup la littérature.
▲ Très bien. Est-ce que vous aimez aussi le sport?
● Le sport non, je déteste, mais j'aime bien les promenades.
▲ Merci, Monsieur.

Übung 3, S.34

● Madame, bonjour, c'est pour un sondage sur les goûts des Français.
▲ Oui.
● Est-ce que vous aimez la musique?
▲ Oui, j'aime bien la chanson française.
● Et le jazz?
▲ Non, je n'aime pas du tout le jazz, mais j'aime assez la musique classique.
   (…)
● Mesdemoiselles, s'il vous plaît, c'est pour un sondage!
▲ Oui!
● Vous aimez le cinéma, le sport, la littérature?
▲ Oui, on aime bien le cinéma et on aime beaucoup le basket! Et vous, Monsieur, qu'est-ce que vous aimez?
● Moi? Heu … j'aime les interviews!

UNITÉ 5 **CHEZ NOUS**

Übung 9, S. 48
▲ Agence Canet, bonjour!
● Bonjour, Madame. Je cherche une location à Canet pour les vacances … pour deux semaines …
▲ Oui, pour combien de personnes?
● Pour cinq personnes: deux adultes, trois enfants et un chien.
▲ Voyons … nous avons une maison avec terrasse, jardin et piscine …
● Et elle est près de la plage?
▲ Elle est à huit kilomètres de la plage.
● Elle a combien de pièces?
▲ Alors … au rez-de-chaussée, il y a une cuisine, une salle à manger, un salon, une chambre et des toilettes.
● Très bien. Et à l'étage?
▲ À l'étage, il y a trois chambres, une salle de bains, une véranda et un balcon; le balcon est petit …
● Et son prix?
▲ Mille euros la semaine.
● Hum, c'est cher … et ce n'est pas au bord de la mer.
▲ Mais, Monsieur, la maison est grande, la cuisine est moderne, les chambres sont confortables et il y a une piscine!
● Ou … vous n'avez pas un appartement au bord de la mer?
▲ Un instant, s'il vous plaît. … Oui, voilà … pour le même prix, nous avons un appartement en face de la plage: trois chambres, salon avec balcon, cuisine et salle de bains.
● Bien … hum …
▲ Qu'est-ce que vous préférez, Monsieur?
● Eh bien … nous décidons en famille et je rappelle.
▲ Très bien. À votre service, Monsieur. Au revoir!

UNITÉ 6 **À LA ROCHELLE**

Auftaktseite · Übung 1, S. 53
● Excusez-moi, Madame, l'office de tourisme, s'il vous plaît?
▲ Oui, c'est dans le centre. C'est très simple: allez tout droit et traversez le pont.
● D'accord et ensuite?
▲ Ensuite, tournez à droite, puis prenez à gauche. Tournez encore à droite et c'est là sur la place.
● Merci beaucoup!
▲ De rien.

Übung 1, S. 54
Devant l'office de tourisme
● Pardon, Madame! Pour aller à la gare, s'il vous plaît?
■ Alors, vous prenez à droite devant l'office de tourisme. Là, il y a un feu. Traversez et prenez la deuxième rue à droite. Continuez tout droit dans l'avenue du Général de Gaulle, la gare est en face, après le rond-point.
■ Euh … vous pouvez répéter, s'il vous plaît?
● Bien sûr, donc vous …

Übung 4, S. 55
1. ● Excusez-moi, Monsieur, l'hôtel de ville, s'il vous plaît?
   ▲ Pardon? Je ne comprends pas.
   ● Je cherche l'hôtel de ville.
   ▲ Désolé, Madame. Je ne sais pas. Je ne suis pas d'ici.
2. ● Pardon, Madame, pour aller à l'hôtel de ville, s'il vous plaît?
   ▲ Sorry, I don't speak French!
3. ▲ Je peux vous aider, Madame?
   ● Oui, c'est gentil! Je cherche l'hôtel de ville.
   ▲ C'est très simple. Allez toujours tout droit.
   ● Merci beaucoup, Madame.
   ▲ Je vous en prie.

UNITÉ 7 EN VOYAGE

Auftakseite · Übung 1, S. 61
1. Monsieur, contrôle des billets, s'il vous plaît.
2. La RATP vous rappelle qu'il est interdit de fumer dans l'enceinte du métro.
3. ▲ Madame, qu'est-ce que vous prenez?
   ● Une eau minérale, s'il vous plaît.
4. Vous n'pouvez pas faire attention!
5. Prochain arrêt: Rue Voltaire.
6. France Inter, il est huit heures. Les informations routières, Nathalie Durand.

Übung 5, S. 63
1. Le train à destination de Karlsruhe partira à 14 heures 45.
2. Le train à destination de Nancy va partir à 16 heures 28 de la voie n° 4.
3. Bienvenue à Strasbourg. Correspondance pour Stuttgart à 18 heures 57.
4. Le train pour Munich, départ à 13 heures 04, voie 7.
5. Le train à destination de Strasbourg, départ 10 heures 33, va entrer en gare.

Übung 7, S. 64
1. ▲ Bonjour, Madame.
   ● Bonjour, Messieurs Dames, vos billets, s'il vous plaît.
   ▲ Voilà.
   ● Vous avez des bagages?
   ▲ Oui, deux valises. C'est possible d'avoir une place côté fenêtre?
   ● Oui bien sûr … Voilà vos cartes d'embarquement. Présentez-vous à 14 heures 45 porte 25.
   ▲ Merci, Madame, au revoir.
   ● Au revoir, bon voyage.
2. ● Qu'est-ce que vous prenez?
   ▲ Euh, moi je prends un Perrier, et toi Pierre?
   ▼ Une bière et … vous avez des sandwichs?
   ● Oui, jambon ou fromage.
   ▼ Un sandwich au jambon, s'il vous plaît. Et toi, Jacqueline, tu manges quelque chose?
   ▲ Non, je prends seulement un Perrier.
3. ▲ Ça fait 20 euros 80.
   ● Vous acceptez les cartes bancaires?
   ▲ Oui, Monsieur.
   ● Voilà.
   ▲ Merci. Votre carte d'embarquement, s'il vous plaît, Monsieur.
   ● Ah oui, la voilà.

Übung 12, S. 65
1. Vous êtes bien au 03.86.74.30.25. Je ne suis pas là mais vous pouvez laisser un message.
2. Le numéro de votre correspondant est le 04.78.98.30.66.
3. Retrouvez tous les programmes de cinéma au 08.49.59.69.79.
4. Salut Marie! C'est Gérard. Mon numéro est le 06.54.91.43.27. À bientôt!

Repères · Übung 3, S. 68

1. à gauche	7. le jus	13. voyager
2. un agenda	8. le chat	14. la fiche
3. des bagages	9. cher	15. aujourd'hui
4. le bricolage	10. enchanté	16. jusqu'à
5. autrichien	11. les gens	17. le rez-de-chaussée
6. manger	12. le jardinage	18. prochain

UNITÉ 8 À L'HÔTEL

Übung 1, S. 70
▲ Bonjour, Madame.
● Bonjour, Messieurs Dames! Vous avez réservé?
▲ Non, vous avez encore une chambre libre pour deux nuits?
● Pour une ou deux personnes?
▲ Pour deux personnes: ma femme et moi.
● Avec un grand lit ou deux lits?
▲ Un grand lit et non-fumeur. Est-ce possible?
● Oui, Monsieur. Nous avons une belle chambre non-fumeur avec salle de bains, télévision satellite et prise internet.
▲ Combien coûte la chambre?
● 70 euros.
▲ Petit-déjeuner compris?
● Non, Monsieur. Le petit-déjeuner coûte cinq euros par personne.
▲ Est-ce qu'il y a un minibar?
● Non, je suis désolée.
▲ La chambre est calme?
● Oui, Monsieur. Elle donne sur le jardin.
▲ Bon, très bien!
● À quel nom, s'il vous plaît?
▲ Monsieur et Madame Schneider.
● Vous pouvez épeler, s'il vous plaît?
▲ S C H N E I D E R.
● Vous payez comment?
▲ Par carte bancaire.
● Voici votre clé. C'est la chambre 35, au troisième étage, en face de l'ascenseur.
▲ Merci.
● Je vous en prie. Bon séjour, Messieurs Dames!
▲▲ Merci, Madame!

Übung 4, Seite 71
1. Dupond: D, U, P, O, N, D.
2. Gäbel: G, A tréma, B, E, L.
3. Vinot: V, I, N, O, T.
4. Wallenstein: W, A, deux L, E, N, S, T, E, I, N.
5. Clément: C, L, E accent aigu, M, E, N, T.

Übung 10, S. 73
1. Quel beau jardin et ce calme …
2. Hum, la télévision ne marche pas. Ça commence bien!
3. Oh, ce lit n'est vraiment pas confortable!
4. Je suis très satisfait de l'hôtel! L'accueil est excellent!
5. Oh, la douche est froide; c'est un scandale!
6. La chambre donne sur la rue. C'est très bruyant.
7. C'est très pratique, un minibar.

UNITÉ 9 À PARIS

Übung 1, S. 82
▲ Pardon, Monsieur, pour aller à la Bibliothèque François Mitterrand, s'il vous plaît?
● Oui, alors. Prenez le RER, ligne A, direction Marne-la-Vallée et changez à Gare de Lyon. Puis, prenez la ligne 14 du métro, direction Bibliothèque, et vous descendez au terminus.
▲ Merci beaucoup, Monsieur!

UNITÉ 10 À TABLE

Auftaktseite · Übung 2, S. 89
Mégamarché
Aujourd'hui en promotion dans votre supermarché: la confiture d'abricots 90 centimes le pot de 400 grammes, quatre bouteilles d'eau minérale pour le prix de trois, seulement 2 euros 15, le kilo d'oranges pour 1 euro 80, deux tablettes de chocolat noir pour trois euros.

Übung 5, S. 91
● Mesdames, bonjour, à qui le tour?
▲ À moi! Je voudrais environ 500 grammes de champignons et un kilo de pommes de terre.
● Voilà. Et avec ça?
▲ Des fruits: un kilo de pommes et un kiwi, s'il vous plaît.
● Autre chose, Madame?
▲ Non, c'est tout, merci. Je vous dois combien?
● Ça fait 6 euros 30.
▲ Au revoir, Monsieur!
● Merci. Au revoir, Madame, à bientôt!

Übung 7, S. 92
▲ Bonjour! Vous êtes bien au 01.23.45.67.89. Nous sommes absents pour le moment. Merci de laisser un message après le bip sonore.
● Salut, Cyril. C'est Valentin. Alors, c'est d'accord pour samedi soir. Je viens et j'apporte un super beau cadeau … surprise! À samedi!
■ Allô! C'est la famille Chabin! Pour l'anniversaire de Cyril, nous ne pouvons pas arriver avant huit heures et demie. Gaëlle a un cours de danse jusqu'à huit heures moins le quart. Encore une fois merci. À samedi donc, et toutes nos excuses pour le retard!
▼ Allô, salut, c'est Hélène. On est jeudi … onze heures moins vingt … Merci pour votre invitation! Désolée mais Jacques est malade; il a la grippe. Malheureusement nous ne pouvons pas venir. Bon anniversaire, Cyril!

Übung 11, S. 93
▲ Où est-ce que vous avez acheté le pâté? Il est vraiment bon!
■ Ah, c'est notre secret de famille!
(…)
● Je vous sers encore de la blanquette?
▲ Oui, volontiers!
● Merci. Je n'ai plus faim.
(…)
● Qui reprend du gâteau?
▲ Moi, je voudrais bien encore une petite tranche.
▼ Et moi, j'aimerais bien avoir la recette!
■ Vous voulez encore un peu de vin?
▼ Avec plaisir, mais juste un tout petit peu. Merci!
▲ Non merci. Ça va.

UNITÉ 11 LES 4 SAISONS

Übung 4, S. 99
▲ Et tout de suite nous passons à la météo! Alors Denis, quel temps fait-il en France aujourd'hui?
● Bonjour Raphaëlle, bonjour à tous. Eh bien, si vous habitez au nord de la Loire, les prévisions ne sont pas optimistes! Rangez vos lunettes de soleil et sortez les parapluies! Du brouillard le matin, de la pluie en fin d'après-midi, ciel couvert sur Paris. Dans l'est, on prévoit des orages et du vent. Dans le sud, vous avez de la chance, regardez le ciel: pas un nuage! Il fait beau et chaud. Une journée formidable en perspective! Un temps idéal pour la plage! Les températures vont de 16°C au nord, jusqu'à 28°C à Perpignan! Allez salut, je retourne au lit!
▲ Merci Denis, à demain matin pour le prochain bulletin météo!

UNITÉ 12 EN VACANCES À LA RÉUNION

Übung 1, S. 106

Réunion au sommet, réunion de travail, réunion de famille; tout le monde est toujours en réunion! ... Mais ... La Réunion ...Vous connaissez? Une île sûre et accueillante ... La France au cœur de l'Océan Indien ... À La Réunion toutes les randonnées sont émotions! Les cirques, les forêts tropicales, le volcan ... Et puis c'est la plongée dans les eaux turquoises et la pêche au gros. La Réunion, c'est aussi le charme des cases créoles, l'histoire de la route des Indes. Réunion ... l'île intense ...
Alors, prêt à partir à la Réunion!?! Courez vite dans votre agence de voyage!

> sûr/e = sicher; accueillant/e = gastfreundlich; au cœur de = im Herzen von; émotions = Gefühle; turquois/e = türkis; pêche au gros = große Fische; prêt à partir = *hier:* aufbruchbereit; courez= laufen Sie

Übung 14, S. 109

- ● Un instant, s'il vous plaît! ... Office de tourisme de Saint-Denis, bonjour!
- ▲ Oui, bonjour, Madame. J'aimerais passer mes vacances à la Réunion. J'ai quelques questions. Vous avez un moment, s'il vous plaît?
- ● Oui, Monsieur, je vous écoute ...
- ▲ Quand doit-on aller à la Réunion?
- ● En avril-mai ou en septembre-octobre parce qu'il fait un temps très agréable.
- ▲ Est-ce que je dois apporter mon passeport?
- ● Non, le passeport n'est pas nécessaire si vous venez d'un pays de l'Union européenne, vous devez seulement apporter votre carte d'identité!
- ▲ Et quelle est la langue officielle?
- ● La langue officielle est le français, mais on parle aussi le créole.
- ▲ Avec quelle monnaie est-ce qu'on paie?
- ● En euros. On est en France ici, Monsieur!
- ▲ Ah, oui, bien sûr ... Quels vêtements est-ce que je dois prendre?
- ● Prenez des vêtements légers, un ou deux pulls et des chaussures de randonnée!
- ▲ Est-ce qu'il y a des animaux dangereux?
- ● Non, il n'y a pas d'animaux très dangereux!
- ▲ Merci beaucoup, Madame, au revoir!
- ● Je vous en prie. Au revoir, Monsieur ... Bon, à nous ... Vous avez aussi des questions?

ABSCHLUSSTEST BILAN

Übung 2, S. 116, PARTIE A

11. Du nord au sud, il fait très beau aujourd'hui en France.
12. Le train à destination de Paris, départ 15h45, va entrer en gare quai numéro cinq.
13. Le petit Maxime Durieux attend sa maman à la caisse centrale du magasin.
14. Bonjour vous êtes bien chez Réjane. Je suis en vacances. Ne laissez pas de message, s'il vous plaît! Je rentre le 14.

Übung 2, S. 117, PARTIE B

15. Il coûte 5 euros 80.
16. Oui, C.L.A.U.D.E.
17. Il est quatre heures et quart.
18. Elle a 59 étages.
19. Au 143.

Übung 3, S. 117, PARTIE A

20. On va au cinéma, ce soir?
21. Tiens, ton cadeau d'anniversaire!
22. Vous voulez encore un peu de vin?

Übung 3, S. 117, PARTIE B

23. A qui est la voiture rouge?
24. Bonjour, je voudrais parler à Monsieur Gerber.
25. Tu aimes la musique classique?
26. Excusez-moi, Madame, je cherche l'hôtel de ville.

Französisch für den Kurs

ajoutez	fügen Sie ... hinzu	trouvez	finden Sie
changez de rôle	tauschen Sie die Rollen	trouvez l'intrus	Was stimmt hier nicht?
choisissez	wählen Sie	vérifiez	überprüfen Sie
cochez	kreuzen Sie an		
comparez	vergleichen Sie	un adjectif	Adjektiv
complétez	ergänzen Sie	une affirmation	Aussage
corrigez (si nécessaire)	korrigieren Sie (wenn nötig)	la conversation	Gespräch
découvrir	entdecken	le dé	Würfel
décrivez	beschreiben Sie	le dialogue	Dialog
devinez	raten Sie	un exercice	Übung
discutez	diskutieren Sie	une expression (correspondante)	(entsprechender)
donnez	geben Sie ... (an)		Ausdruck
échangez	tauschen Sie ... aus	la fiche	Zettel
écoutez	hören Sie zu	la forme adéquate	geeignete Form
écrire	schreiben	les informations (suivantes)	(folgende) Informationen
écrivez	schreiben Sie	la lettre	Brief; Buchstabe
faites des hypothèses	machen Sie Hypothesen	la liste	Liste
imaginez	stellen Sie sich vor, denken Sie	(d'après) le modèle/l'exemple	(nach dem)
	sich ... aus		Modell/Beispiel
interrogez	fragen Sie	les mots (appropriés)	(geeignete) Wörter
jouez	spielen Sie	le mot-clé	Schlüsselwort
justifiez	rechtfertigen, begründen Sie	la page, cette page	Seite, diese Seite
lire	lesen	le/la participant/e	Teilnehmer/in
lisez	lesen Sie	la phrase	Satz
mettez dans l'ordre	ordnen Sie in die richtige Reihenfolge	le point	Punkt
mettez-vous d'accord	einigen Sie sich	la scène	Szene
mettez-vous dos à dos	stellen Sie sich Rücken an Rücken	la situation (suivante)	(folgende) Situation
notez	notieren Sie	le réseau	Netz
parler	sprechen	le résultat	Ergebnis
posez des questions	stellen Sie Fragen	le tableau	Tafel
préparez	bereiten Sie ... vor	le texte	Text
prononcer	aussprechen	le verbe	Verb
rassemblez	sammeln Sie	le vocabulaire	Wortschatz
reconstituez	setzen Sie ... zusammen	le/la voisin/e	Nachbar/in
réécoutez	hören Sie noch einmal	vrai/faux	wahr/falsch
regardez	schauen Sie ... an		
reliez	verbinden Sie	à deux	zur Zweit
relisez	lesen Sie noch einmal	à l'aide de	mit Hilfe von
répétez	wiederholen Sie	ci-dessous	untengenannt
répondez	antworten Sie	ci-dessus	obengenannt
s'entraîner	üben	en groupes	in Gruppen

Lösungen (*Repères, options*, Abschlusstest)

UNITÉ 1, S.15/16

1. a. Bonjour, Madame.
  b. Je m'appelle .../Je suis ...
  c. C'est ...
  d. Salut!
  e. Au revoir.
  f. C'est ça.

2. 1. Je
  2. Vous
  3. Je
  4. toi/moi
  5. toi
  6. vous

3. 2. Vous êtes
  4. Vous êtes/Mademoiselle/Zola
  6. Vous êtes.

UNITÉ 2, S. 23/24

1. a. Comment allez-vous?
  b. Comment ça va?/Ça va?
  c. Bien, merci/Très bien, merci.
  d. Merci.
  e. Je voudrais une eau minérale,
    s'il vous plaît.
  f. Pardon?

2. un   une
  serveur   salade
  agenda   bouteille
  apéritif   bière
  café   eau minérale
  jus d'orange
  portable
  chien

3. Frage: Sätze 1, 5, 6, 7, 9
  Aussage: Sätze 2, 3, 4, 8, 10

UNITÉ 3 S. 31/32

1. l'agenda – la bière – la bouteille –
  le vendeur – le chien – la cravate – l'eau
  minérale – l'entreprise – le dentiste –
  l'architecte

2. 1. la graphiste
  2. l'étudiante
  3. une pharmacienne
  4. la vendeuse
  5. française
  6. allemande
  7. autrichienne
  8. suisse

3. j'habite
  tu habites
  il/elle/on habite
  nous habitons
  vous habitez
  ils/elles habitent

  habite, *habites* und *habitent* werden
  gleich ausgesprochen.

4. 1 a, i, j.
  2 c, d.
  3 a, i
  4 a, i.
  5 a, i.
  6 b, g.
  7 h, k.
  8 e, f.
  9 e, f.

UNITÉ 4 S. 39/40

1. J'aime beaucoup .../J'adore...
  J'aime assez .../J'aime bien ...
  Je n'aime pas du tout .../Je déteste ...

2. a. C'est original.
  b. C'est combien, le livre?
  c. C'est trop cher.

3. 1. Je n'habite pas à Paris.
  2. Tu ne travailles pas dans un magasin.
  3. Ça ne va pas.
  4. Il n'est pas ingénieur.
  5. Nous n'aimons pas le foot.
  6. Vous n'êtes pas français.
  7. Elles ne travaillent pas à l'hôtel
    Bellevue.

4. un chien; une photo; une eau minérale;
  des artistes; une école de langues; des
  bouteilles; une technicienne; des verres;
  des chaises; une maison

UNITÉ 5 S. 51/52

1. a. Oui, je suis marié/e; Non, je suis
    divorcé/e; Non, je suis célibataire;
    Je suis veuf/veuve.
  b. J'ai .... ans.
  c. Ma maison/Mon appartement a ...
    pièces.
  d. J'aime ma maison parce qu'elle est
    grande/petite/moderne/confortable/
    parce qu'elle a un jardin./J'aime mon
    appartement parce qu'il est grand/
    petit/moderne/confortable/parce qu'il
    a un balcon.

2. 1. Ton
  2. mon
  3. ta
  4. ma; mon; son
  5. vos
  6. notre; son; notre; son

3. 1. pratique
  2. grande
  3. célibataires
  4. divorcé
  5. petits

4. c'est – êtes – es – mais – seize – j'ai –
  bière – pêche – près – plaît – sept –
  internet

UNITÉ 6 S. 59/60

1. A: La place du marché, s'il vous
    plaît?/Pour aller à la place du marché,
    s'il vous plaît?/Où est la place du
    marché, s'il vous plaît?
  B: La place du marché est devant la
    cathédrale. (Vous)Traversez le parc et
    (vous)prenez la première rue à droite.
    Je suis désolé/e, je ne sais pas.
  A: Merci beaucoup.
  B: Je vous en prie/De rien.

2. à la poste;
  jusqu'au;
  Au feu;
  du musée;
  jusqu'aux halles;
  des halles;
  de l'hôtel de ville

UNITÉ 7 S. 67/68

1. a. Le prochain train pour Munich est à
    quelle heure, s'il vous plaît?/Quel est
    le prochain train pour Munich, s'il
    vous plaît?
  b. Pardon, ce train va bien à Strasbourg?
  c. (Est-ce qu')il y a une voiture-
    restaurant?
  d. Ça fait combien?
  e. Vous acceptez les cartes bancaires?
  f. Je voudrais/Je prends un sandwich au
    jambon et un jus d'orange.

2. 1. peux
  2. veux; doit
  3. voulez; peux; voulez
  4. dois

3. [ʃ] 1, 5, 8, 9, 10, 14, 17, 18
   [ʒ] 2, 3, 4, 6, 7, 11, 12, 13, 15, 16

UNITÉ 8, S. 75/76

1. **a.** Vous avez (encore) une chambre libre?
   b. Combien coûte une chambre?
   c. La chambre a une salle de bains,
   la télévision et un minibar?
   d. Le petit-déjeuner est compris?

2. **a.** Vous acceptez des cartes bancaires?
   b. Vous pouvez épeler votre nom, s'il
   vous plaît?
   c. L'accueil est excellent.
   d. Je suis très satisfait/e de mon séjour.

3. 1. bel; confortables
   2. petit; exceptionnel;beau; grands; bonne
   3. locale; excellente; régionaux

4.

[ã]	[ɔ̃]	[ɛ̃]
Nantes	compris	Saint-Germain
chambre	nom	internet
centre	Mâcon	jardin
comment	maison	salle de bains
Orléans	onze	vin
septembre	bonsoir	pain
agence	nombre	demain
quarante	Chalon	quinze
trente		Verdun
gens		copain
Nancy		bien
ascenseur		musicien
Rouen		matin
		un

UNITÉ 9, S. 87/88

1. **a.** Oui, je connais Paris/Non, je ne
   connais pas Paris.
   b. Je vais au cours de français en
   métro/bus/train./Je vais au cours de
   français à pied/en voiture.
   c. Je suis allé/e à.../au.../en...

2. 1. avez fait
   2. a voyagé; a pris; a visité
   3. avez aimé
   4. j'ai adoré; J'ai fait; a passé
   5. avez habité
   6. avons trouvé
   7. êtes allés
   8. avons continué; sommes restés; as fait

3. Je/suis/allé/sur/les/Champs Élysées
   Nous/avons/visité/des/églises/et/
   des/musées
   Ils/sont/allés/dans/un/café.

Vous/avez/pris/un/expresso/et/un/jus
/d/orange
Ils/cherchent/les/autres/endroits/où/
Amélie/est/allée.

UNITÉ 10, S. 95/96

1. **a.** Je vais chez le boulanger.
   b. Je voudrais un kilo d'oranges et une
   salade.
   c. Où sont les boissons, s'il vous plaît?
   d. Avec plaisir.
   e. Je suis désolé/e, je ne peux pas venir.
   f. C'est délicieux.

2. de l'eau minérale, des fruits et des
   légumes ... 250 grammes de beurre, un
   pot de confiture, de la viande, un peu de
   saucisson, quelques tranches de jambon,
   du fromage... une bouteille de vin.

UNITÉ 11, S. 103/104

1. **a.** Je ne suis pas en forme aujourd'hui.
   b. Quel temps fait-il?
   c. Le ciel est couvert/il fait gris.
   d. Qu'est-ce que je mets ce matin?
   e. Je mets un pantalon noir, un pull gris
   et une veste.
   f. Je mets mon manteau?
   g. Je prends un parapluie.

2. 1. les jeunes mettent
   2. je mets; tu mets
   3. vous mettez
   4. nous mettons
   5. elle met

3. 1. plus grand que
   2. aussi confortable que
   3. moins bruyant que; plus calmes
   4. moins cher et plus moderne que
   5. plus agréable

UNITÉ 12, S. 111/112

1. **a.** Ma ville est dans le nord/l'est/l'ouest/
   le sud de l'Allemagne/l'Autriche/la
   Suisse.
   b. Je fais de la voile/du ski/de
   l'escalade/...
   c. Je fais du piano/de la guitare/...
   d. J'aimerais essayer le.../la...
   e. Le week-end prochain, je vais aller au
   cinéma/faire une promenade/...
   f. Je voudrais louer une voiture.
   Combien coûte une Golf avec cinq
   portes et la climatisation pour une
   semaine, s'il vous plaît?

2. 1. vois
   2. vois
   3. voyez
   4. voir
   5. voient
   6. voit

3. nous allons passer; Les enfants vont faire;
   Michel va essayer; je vais visiter; Nous
   allons découvrir; nous allons faire

4. **a.** Vous arrivez quand?/Quand est-ce que
   vous arrivez?/Quand arrivez-vous?
   b. Vous venez comment, en train ou en
   voiture?/Comment est-ce que vous
   venez, en train ou en voiture?/
   Comment venez-vous, en train ou en
   voiture?
   c. Pourquoi est-ce que vos enfants ne
   viennent pas?/Pourquoi est-ce que
   vous venez sans vos enfants?
   d. Qu'est-ce que vous voulez visiter?

5. je voudrais: [ə], [ɛ]
   elle est: [ɛ], [ɛ]
   carte de crédit: [ə], [ɛ]
   essayer: [e], [e], [e]
   qu'est-ce que: [ɛ], [ə]
   excursion: [ɛ]
   j'achète: [ɛ]
   sucre de canne: [ə]
   lunettes: [ɛ]
   premier: [ə], [e]

OPTION 1

1. Lösungsvorschlag
   Vignette 1:
   ■ Salut, Bernard.
   ● Salut, Paul, Bonjour, Claire.

   Vignette 2:
   Bernard (stellt alle anderen Gäste mit
   Vornamen vor.): Un instant, s'il vous
   plaît. C'est Paul et c'est Claire.
   Claire und Paul (jedes Mal): Bonjour.
   oder Enchanté/e.

   Vignette 3:
   – Ah, vous êtes Lucie!
   – Comment allez-vous?
   – Vous habitez à Versailles?
   – Vous travaillez avec Bernard?
   – Qu'est-ce que vous faites comme
     métier?
   – Vous travaillez où?
   – Vous aimez le cinéma/la peinture... ?
   – Vous avez des animaux?
   – Vous avez un hobby?

2.
1. toi, vous
2. portable
3. Sie und ihr
5. C'est qui?
6. nous travaillons – vous travaillez – ils travaillent
7. tu es – vous êtes – ils sont
8. étudiante
10. Ils détestent le sport.
11. des chiens
12. j'ai – il/elle/on a – nous avons
14. au revoir
15. l'eau minérale, le vin, la bière, l'apéritif, la limonade, le coca, le jus d'orange, le jus de tomate, le thé, le café,
16. le kir, le pastis
17. un
19. le café, la cafétéria, la carafe, la carte, la carte postale, le CD, le cendrier, la chaise, la chambre, la chanson, le chapeau, le chat, le chien, la cigarette, le cinéma, le coca, la collection, le collectionneur, le/la comédien/ne, le concert, la cravate, le croque-monsieur, la cuisine
20. l'architecte, le/la dentiste, l'employé/e, l'étudiant/e, le/la graphiste, l'ingénieur, l'informaticien/ne, le/la journaliste, le/la pharmacien/ne, le professeur, le/la retraité/e, la secrétaire, le/la serveur/euse, le/la technicien/ne, le/la vendeur/euse
21. les boules, la danse, l'équitation, le football, la pêche, les promenades, le tennis
22. zéro un, quarante-cinq, soixante-sept, trente-quatre, cinquante-neuf.
23. l'agenda, la chaise, le CD, le dictionnaire, le livre, les lunettes, la montre, le mouchoir en papier, le portable, la photo, le sac, le stylo, la table
24. le
25. Je m'appelle/Je suis…
26. Comment allez-vous?/Ça va?
27. Je voudrais un café, s'il vous plaît.
28. Bonne journée!
29. J'habite à…
31. Qu'est-ce que vous faites comme métier?
32. Non, je suis …
33. Vous aimez/Tu aimes l'art moderne?
34. J'adore/J'aime beaucoup/bien/assez le jazz./ Je déteste/Je n'aime pas (du tout) le jazz.
36. C'est combien?

38. Gérard Depardieu, Jean Gabin, Alain Delon, Jean-Paul Belmondo, Isabelle Huppert, Isabelle Adjani, Juliette Binoche, Catherine Deneuve…
39. Ja. Man sollte Bonjour, Monsieur/ Madame, Mademoiselle sagen.
41. nein
42. la bise
43. nein
44. Wie geht es Ihnen?
45. nein
46. musicien

4. b.

[ɑ̃]	[ɔ̃]	[ɛ̃]
sandwich	bonjour	vin
prends	jambon	cinquante
jambon	boisson	
blanc	attention	
attention	onze	
cinquante		

OPTION 3

1. nous connaissons – vous connaissez – ils connaissent
2. le métro, le train, l'avion, le vélo, le bus, la voiture
3. Pour moi, la France, c'est …
4. la tour Eiffel, les Invalides, Notre-Dame, le Sacré-Cœur, l'Institut du Monde Arabe, le Louvre, le musée d'Orsay, l'Arc de Triomphe, la Bibliothèque François Mitterrand, le centre Georges Pompidou, la Cité des Sciences et de l'Industrie…
5. Ils sont allés au marché et ils ont acheté des fruits.
6. faire une promenade
7. Hier, j'ai travaillé/j'ai regardé la télévision/j'ai fait du sport/…
8. Audrey Tautou
9. Elle a pris le train.
10. Deux heures et quart.
11. Vous prenez la ligne 1 direction Château de Vincennes, vous changez à Châtelet et prenez la ligne numéro 4, direction Porte de Clignancourt.
12. Santé!
13. j'achète – tu achètes – il achète – ils achètent
14. soif
15. Au petit-déjeuner, je prends du café avec du lait et du sucre, du pain avec de la confiture/du fromage… je prends du café avec un peu de lait et de sucre, deux tranches de pain avec un peu de beurre…, je mange des céréales avec du lait…
16. Ils ouvrent vers 7 heures. Beaucoup

de clients sont des habitués. On peut prendre le petit-déjeuner, l'apéritif, manger un repas simple et discuter avec les autres clients.
17. des croissants, du beurre, de la confiture
18. la boulangerie, la boucherie-charcuterie, l'épicerie, la crémerie, la pâtisserie
19. Je suis désolé/e, je ne peux pas venir, j'ai la grippe/j'ai beaucoup de travail/ma mère est chez nous…
20. Tous les jours, même le dimanche.
21. Paris est plus grand/plus bruyant/plus cher/plus beau/plus célèbre/plus…/moins grand/moins beau/moins agréable…
22. le printemps, l'été, l'automne, l'hiver
23. Merci beaucoup, mais je n'ai plus faim.
24. Peintres français célèbres: Manet, Monet, Renoir, Matisse, Caillebotte … Sculpteurs: Rodin, Niki de Saint-Phalle … Musiciens: Ravel, Debussy … Chanteurs: Edith Piaf, Jacques Brel, Yves Montand, Patricia Kaas, Serge Gainsbourg, Jane Birkin …Écrivains: Victor Hugo, Molière, Rimbaud, Camus, Prévert…
25. Elle met sa veste.
26. froid
27. Aujourd'hui, il fait beau/chaud/froid. Il y a des nuages/du vent. Il pleut/il fait du soleil…
28. Serge Gainsbourg
29. nous voyons – vous voyez – ils voient
30. rouge, violet, bleu, vert, jaune, orange
31. Aujourd'hui le professeur de français porte un pantalon beige/une jupe rouge/une robe bleu clair… /un chemisier/un pull/une veste…
32. dans l'océan Indien
33. de la danse et du théâtre
34. Paul est plus grand que Pierre.
35. Quels sports est-ce qu'on peut faire?
36. C'est un département français.
37. Ils vont prendre leur voiture.
38. une île, un volcan, une montagne, la mer, l'océan, un cirque, la côte, le nord, le sud, l'est, l'ouest .
39. Après le cours, je vais aller au café avec les autres/je vais prendre le bus/ je vais regarder les informations à la télé/je vais aller chez moi…
40. On parle le français et le créole.

41. Audrey Tautou est plus jeune que Catherine Deneuve./Elle est moins/aussi célèbre que Catherine Deneuve./Elle est plus/moins/aussi jolie que Catherine Deneuve...

42. un manteau, un pull, une écharpe, des bottes

ABSCHLUSSTEST

1. Éléments langagiers
1.a; 2. b; 3. b; 4. b; 5. a; 6. b; 7. b; 8. a; 9. a; 10. a

2. Compréhension de textes oraux: Partie A
11. faux
12. faux
13. vrai
14. faux

Compréhension de textes oraux: Partie B
15. a
16. a
17. b
18. a.
19. a

3. Réponses en situations: Partie A
20. c
21. a
22. b

Réponses en situations: Partie B
23. f
24. i
25. g
26. e

4. Compréhension de textes écrits: Partie A
27. b
28. a
29. d

Compréhension de textes écrits: Partie B
30. vrai
31. faux
32. faux

Compréhension de textes écrits: Partie C
33. a
34. b
35. b

Partnerseiten

Unité 3, Übung 13

Florence Grando
DENTISTE

143, Boulevard Mirabeau
31400 Toulouse
Tél: 05 61 57 04 11

Pierre Jouveneaux
Pharmacien

11, avenue Jean Jaurès
38000 Grenoble
Tél: 04 76 43 24 78
mél: p.jouveneaux@wanadoo.fr

Unité 5, Übung 16

Paris 17e, appartement de 5 pièces, pour 5/6 personnes, entrée, salon (18m²), salle à manger (14m²), 3 chambres (10, 12, 13m²), cuisine (8m²), 2 salles de bains (6m²), 2 wc, balcon, parking. Tél: + 33 (0)1 43 16 27 38	**Paris 14e, appartement de 3 pièces,** pour 3 personnes, entrée, salon (15m²), salle à manger (13m²), chambre (14m²), cuisine (7m²), salle de bains (4m²). Tél: + 33 (0)1 42 36 51 28
Paris 18e, appartement de 4 pièces, pour 5 personnes, entrée, séjour (20m²), 3 chambres (15, 12, 13m²), cuisine (8m²), salle de bains (5m²), wc, balcon, parking. Tél: + 33 (0)1 44 23 32 12	**Paris 9e, appartement de 2 pièces,** pour 2/3 personnes, entrée, séjour (20m²), chambre (12m²), cuisine (6m²), salle de bains (5m²). Tél: + 33 (0)1 46 21 14 35
Paris 12e, appartement de 4 pièces, pour 3/4 personnes, entrée, salon (16m²), salle à manger (11m²), 2 chambres (11 et 14m²), cuisine (9m²), salle de bains (7m²), wc, terrasse, parking, ascenseur. Tél: + 33 (0)1 41 55 44 23	**Paris 6e, appartement de 2 pièces,** pour 2/3 personnes, entrée, séjour (30m²), chambre (10m²), cuisine (7m²), salle de bains (4m²), wc, balcon, parking, ascenseur. Tél: + 33 (0)1 45 29 38 47
Paris 15e, appartement de 3 pièces, pour 4 personnes, entrée, séjour (22m²), 2 chambres (13 et 10m²), cuisine (10m²), salle de bains (7m²), wc, balcon. Tél: + 33 (0)1 41 52 63 24	**Paris 11e, studio, pour 2 personnes,** 1 pièce (22m²), cuisine (7m²), salle de bains (5m²), ascenseur, parking. Tél: + 33 (0)6 12 24 12 48

Unité 6, Übung 6

LA ROCHELLE

Unité 6, Übung 11

Unité 8, Übung 6

Hôtel Barnabé

- un minibar?
- un jardin?
- chambre non-fumeur?

Hôtel du Lion d'Or

Unité 11, Übung 11

Unité 12, Übung 16

CARTE D'IDENTITÉ

Nom: La Réunion
Date de naissance: …
Lieu de naissance: Océan Indien, à l'est de Madagascar
Nationalité: …
Situation de famille: département d'outre-mer (DOM), depuis 1946
Sexe: …
Taille: 2 511km^2, 700 000 habitants (Réunionnais)
Chef-lieu: …

Langues: français (officielle) et créole

Signes particuliers:
Découverte par les Portugais (1528), colonisée par les Français (1638), occupée par les Anglais (1810-1815), l'île a changé de nom plusieurs fois. D'abord appelée île Mascareigne, elle devient l'île Bourbon en 1649, et elle s'appelle la Réunion depuis 1793.

Climat: tropical chaud sur les côtes, plus sec à l'intérieur.

Économie: canne à sucre, tabac, thé et vanille, tourisme.

Flore et faune: arbres fruitiers (mangues, ananas …), fleurs (géraniums, hibiscus, bougainvilliers, orchidées …). Grande variété d'oiseaux, de papillons et de poissons. Des caméléons, pas de serpents dangereux.

Stammbaum für Unité 5, Übung 6

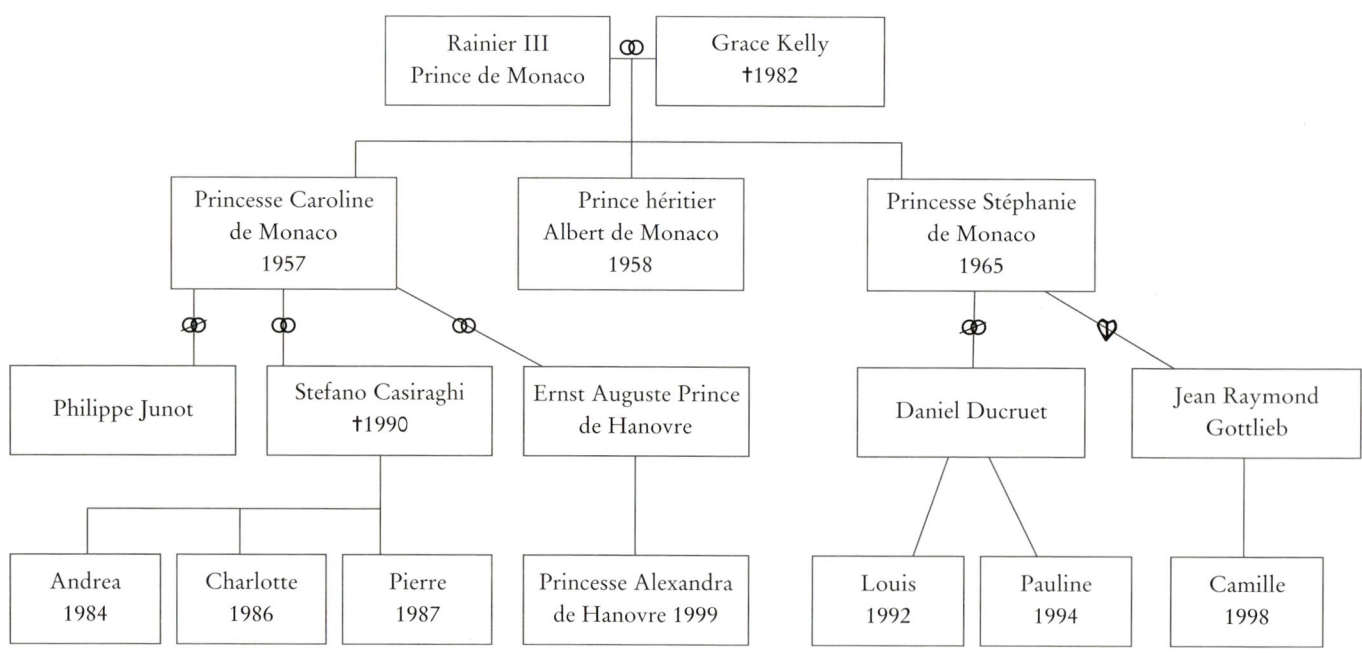

Bildquellen:

U1: © Will & Deni McIntyre/Getty Images/Stone; Fond: © John Lamb/Getty Images/Stone
U2: © Cornelsen/Lalo
S.   8: © Cinetext/Schultes
S.   9: © Cinetext (1); © Interfoto/Archiv (2); © Collection Christophe L (3); © Impress (4), (5), (6)
S. 10: © Mauritius/age fotostock
S. 11: © Bavaria/Berg
S. 12: © The Image Bank
S. 13: © The Image Bank
S. 14: © Interfoto/Archiv (a.); © Cinetext (b.), (c.), (d.), (e.); © Collection Christophe L (f.)
S. 17: © Jerrican/Duranti (links); © Pictor/Daniels (rechts)
S. 18: © Corbis/Panci
S. 19: © IFA-Bilderteam/IPS
S. 21: © Mauritius/age fotostock
S. 22: © Studio X/Stills (oben); © The Image Bank (unten)
S. 25: © Cornelsen/Hanel (2); © Jerrican/Labat (4)
S. 26: © Superbild/Bach (1); © Schapowalow/Comnet (2)
S. 27: © Ullstein/dpa (Ravel); © dpa/Durand (Adjani); © AP (Kouchner); © Ullstein/Interfoto Rauch (Bretécher)
S. 28: © Pictor/Eckersley
S. 29: © Studio X/Ribeiro Antonio
S. 30: © Cornelsen/Corel Library
S. 33: © Interfoto/Winkler (1); © Cornelsen/Pleynet (2); © Hoa-Qui/Benelux Press (3); © Interfoto/Gläser (4)
S. 34: © AKG Berlin (links); © AKG Berlin/Hoppe (rechts)
S. 35: © Cornelsen/Corel Library (links); © Agence Enguerand/Agence Bernand (rechts)
S. 36: © Cornelsen/Litters (c.), (d.), (f.), (g.); © Cornelsen/Corel Library (h.)
S. 37: © dpa/Lenz
S. 38: © Cornelsen/Litters (oben links); © Pictor/Klee (oben rechts); © Hoa-Qui/Labat (unten)
S. 41: © Claire Bretécher
S. 44: © Cornelsen/Lalo
S. 45: © Superbild/Anderson (1); © Cornelsen/Corel Library (2); © Superbild/Option Photo (3);
        © Cornelsen/Litters (4); © Imagine/Bachmann (5)
S. 46: Cornelsen/Litters (oben), (a), (c), (e); © Ullstein/Barth (b); © Rapho/Neyrat (d)
S. 47: © Ullstein/dpa
S. 48: © Rapho/Gantier
S. 50: © Studio X/Gamma
S. 53: © Cornelsen/Deloffre
S. 56: © Office de Tourisme de la Rochelle
S. 58: © Studio X/Gamma (links oben); © Rapho/Ducasse (links unten); © Ullstein/Winter (rechts)
S. 62: © Sipa Press/Durand
S. 64: © Rapho/Baret (oben); © Superbild/Reso g.e.i.e. (unten)
S. 65: © Le Canard Enchaîné/Pétillon
S. 66: © Sipa Press/Stumpf
S. 69: © Fotex/New Pix
S. 70: © Jerrican/Gaillard
S. 74: © Imagine/Foodpix (1. von links); © Ullstein/Meißner (2. von links); © Cornelsen/Corel Library (3. von links), (2. von rechts);
        © Cornelsen/Deloffre (3. von rechts); © Studio X/Gamma (1. von rechts)
S. 77: © Reiser et Éditions Albin Michel, S.A.
S. 80: © Cornelsen/Herrenschmidt
S. 81: © Mauritius/Photothèque SDL (1), (5); © Schuster/Hoa-Qui (3); © Huber/Giovanni (4);
        © Cornelsen/Krauke (6); © Hoa-Qui/AGE (7); © Schuster/Explorer (8)
S. 82: © dpa
S. 83: © Schuster/Koserowsky (links); © Cornelsen/Kleber (Mitte); © Mauritius/Leblond (rechts)
S. 84: © Collection Christophe L (links), (rechts oben); © Impress (rechts unten)
S. 85: © Ullstein
S. 86: © Cornelsen/Pleynet
S. 89: © Studio X/Gamma
S. 90: © Jerrican/Labat
S. 91: © Jerrican/Duranti
S. 92: © Cornelsen/Corel Library (oben); © Jerrican (unten)
S. 93: © Jerrican/Labat
S. 94: © Pétillon
S. 97: © AKG Berlin (Renoir), (Van Gogh); © AKG/Prof. Erich Lessing (Sisley); © Cornelsen/Corel Library (Caillebotte)
S. 99: © Cornelsen/Lücking
S. 100: © Cornelsen/Rodet (e), (f), (g); © Cornelsen/Herrenschmidt
S. 102: © Studio X/Botti (oben); © Jerrican/Daudier (unten)
S. 105: © Cornelsen/Lalo
S. 106: © Cornelsen/Pleynet (oben); © Schapowalow/Atlantide (unten: 1. von links);
        © Maison de France (unten: 1. von rechts); © Jerrican (unten: 2. von rechts)
S. 107: © Stock Food (oben); © Cornelsen/Pleynet (unten links), (unten rechts); © Schapowalow/Atlantide (unten Mitte)
S. 108: © Jerrican/Sittler (carte bleue); © Schapowalow/Atlantide (unten)
S. 110: © Schapowalow/Atlantide (2 x oben); © Cornelsen/Pleynet (3 x unten)

Textquellen:

S. 50: «Scandale dans la famille», La Compagnie Créole, Paroles et Musique: S.-H. Brown, H. Donaldson, M. Teze, 1965
        © La vois de son maître
S. 102: «La Gadoue», Jane Birkin, Paroles et Musique: Serge Gainsbourg © Mercury (Polymedia/Universal Vertrieb), 1996
S. 110: «Ça sent la banane», Paroles et Musique: Jacqueline Farreyrol © Éditions Musicales Auvidis

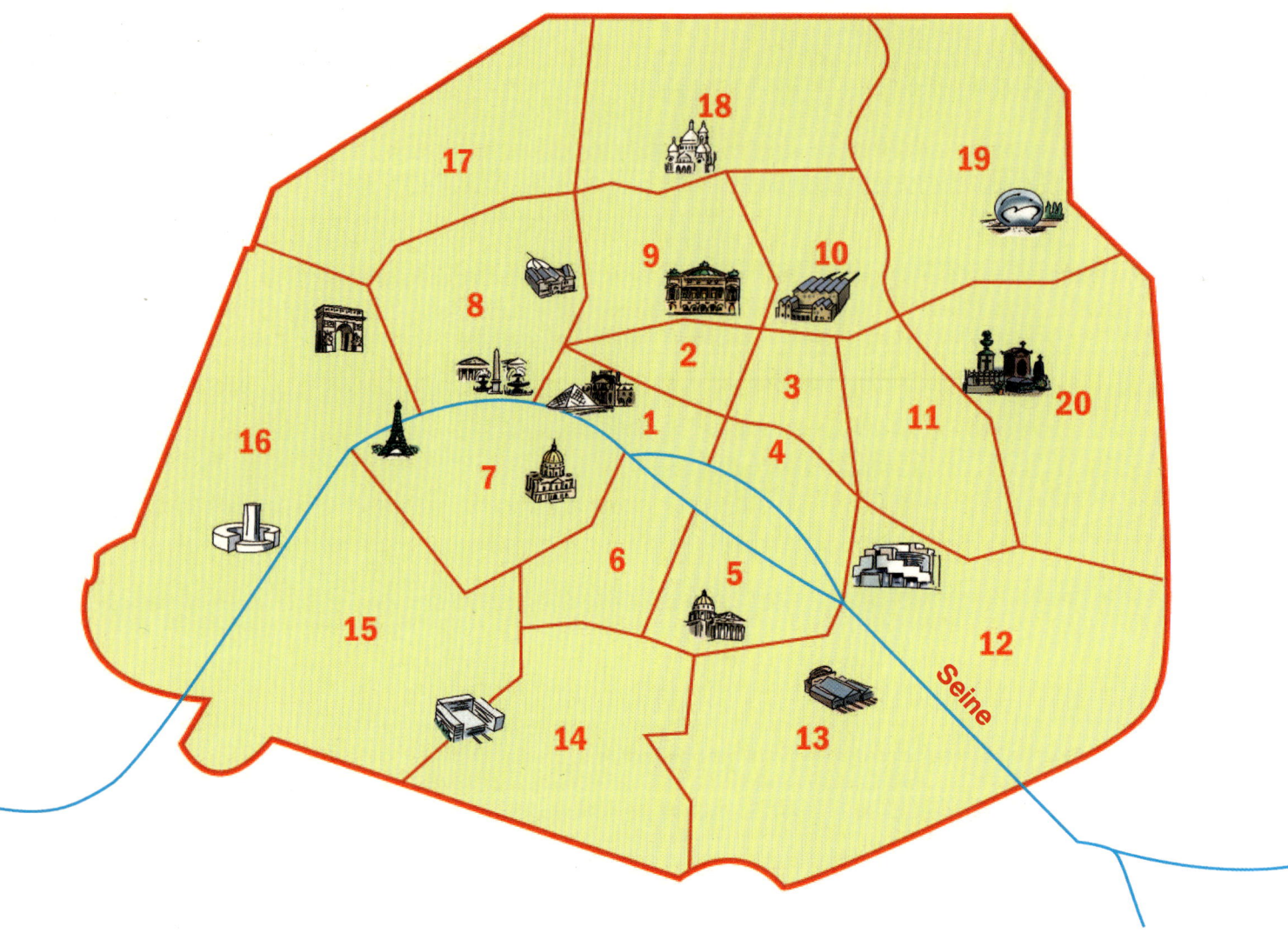

1er LE MUSÉE DU LOUVRE
M Palais Royal-Musée du Louvre

3e LE MUSÉE PICASSO
M Chemin-Vert

4e LE CENTRE POMPIDOU
M Rambuteau
LA CATHÉDRALE NOTRE-DAME DE PARIS
M Cité **RER** Saint Michel
LA PLACE DES VOSGES
M Bastille, St-Paul

5e LE PANTHÉON
M Cluny-la Sorbonne
L'INSTITUT DU MONDE ARABE
M Cardinal-Lemoine, Jussieu

6e LE JARDIN DU LUXEMBOURG
M Odéon
RER Luxembourg

7e LA TOUR EIFFEL
M Trocadéro **RER** Champ de Mars
LES INVALIDES
M / **RER** Invalides
LE MUSÉE ORSAY
M Solférino **RER** Musée d'Orsay

8e LA PLACE DE LA CONCORDE
M Concorde

9e L'OPERA GARNIER
M Opéra

12e GARE DE LYON
M **RER** Gare de Lyon
OPERA BASTILLE
M Bastille

13e LA LIGNE 14 DU MÉTRO ET LA BIBLIOTHEQUE
NATIONALE DE FRANCE
M Bibliothèque François Mitterrand

16e L'ARC DE TRIOMPHE & LES CHAMPS-ÉLYSÉES
M **RER** Charles de Gaulle-Etoile

18e MONTMARTRE ET LA BASILIQUE
DU SACRÉ COEUR
M Anvers, Abbesses, Château Rouge, Lamarck-
Caulaincourt

19e CITÉ DES SCIENCES ET DE L'INDUSTRIE
M Porte de la Villette

20e LE CIMETIÈRE DU PÈRE LACHAISE
M Père Lachaise

A l'extérieur
LA DÉFENSE & LA GRANDE ARCHE
M **RER** Grande Arche de la Défense
LE CHÂTEAU DE VERSAILLES
RER C : Versailles-rive gauche
LE STADE DE FRANCE
RER D ou B Stade de France **M** St Denis – Porte de
Paris